Landküche

Landküche

Einfach kochen mit Bio-Produkten

Rezepte Birgit Rademacker und Julia Skowronek
Reportagen Jürgen Christ
Foodfotografie Barbara Lutterbeck
Foodstyling Frauke Koops

Inhalt

6 Landküche – natürlich genießen
8 Saisonkalender

10 Zartes Erwachen: Frühling
14 Rezepte für den Frühling: Mit Kräutern, Lamm und frischem Spargel
44 Natürlich am besten: Milch & Käse

48 Üppige Vielfalt: Sommer
52 Rezepte für den Sommer: Mit Erbsen, Mangold und reifen Beeren
82 Paradiesisch gut: Obst & Gemüse

88 Reiche Ernte: Herbst
92 Rezepte für den Herbst: Mit Kürbis, Rettich und Zwetschgenkuchen
122 Kernige Kraftpakete: Getreide

126 Ruhepause der Natur: Winter
130 Rezepte für den Winter: Mit Chicorée, Kohl und Gänsebraten
148 Freiheitsliebend: Bio-Geflügel
166 Wie gewachsen: Bio-Fleisch

Grundrezepte
172 Konfitüren & Co.: Früchte für den Vorrat
174 Pikante Spezialitäten: Pickles, Chutneys und Feines mit Fisch
176 Selbst gemachte Brühen und Saucen: Perfekte Basis

Zum Nachschlagen
177 Glossar der Zutaten von A–Z
186 Rezept- und Sachregister
190 Wichtige Adressen und Links
192 Impressum

Landküche –
natürlich genießen

Die Kräuter duften, das Gemüse ist knackig und sonnengereift und wenn man in eine Birne beißt, läuft der Saft am Kinn herunter – so sind die Produkte, die wir lieben. Sie schmecken so besonders gut, wenn sie Zeit zum Wachsen hatten und vollreif geerntet wurden. Sie können sicher sein, dass diese Produkte aus der Region stammen, denn reife Früchte und Gemüse vertragen keine langen Transporte.

Zu jeder Jahreszeit ist es schön, über Wochenmärkte zu bummeln oder beim Bio-Bauern im Hofladen zu schauen, was die Jahreszeit bietet. Jede Saison hat ihre Höhepunkte.

Zartes im Frühjahr – aus Kräutern, Salaten, Milchprodukten und Eiern lassen sich herrlich frische Gerichte bereiten. Probieren Sie auch mal Wildkräuter als Salat oder Cremesuppe – Sie können sie sogar selber sammeln. Ostern gibt es zartes Lamm – und Spargel und Erdbeeren sind dann der Höhepunkt des Frühjahrs.

Der Sommer lockt nach draußen und bietet eine Fülle von Beeren und Gemüse. Versuchen Sie die Tomatensuppe mit Fisch, Gemüse mit Zitronendip, Backofengemüse oder Kirsch-clafoutis. Es sind sommerlich leichte Gerichte, die perfekt in die warme Jahreszeit passen.

Wenn die Äpfel aus heimischer Ernte auf den Markt kommen, wird's langsam Herbst, Haupterntezeit auf dem Lande! Jetzt sind auf den Märkten Gemüse zu entdecken, die es lange nicht gab: Rübchen, Pastinaken und Petersilienwurzeln, die wie weiße Möhren aussehen, und Topinambur, dessen Knollen fast wie Ingwer aussehen. Daneben Vertrautes: Probieren Sie den dicken Knollensellerie einmal als Flan mit fruchtiger Tomatensauce, die Pastinaken als cremiges Süppchen und die Roten Beten als pikantes Kompott zu Käse.

Im Winter, wenn die Abende länger und die Tage kürzer werden, wird nur noch wenig geerntet. Doch es gibt sie, die klassischen Wintergemüse: Grünkohl und Rosenkohl, die den Frost vor der Ernte brauchen sowie Feldsalat, der den ganzen Winter frisch vom Feld angeboten wird. Vor allem sind aber die Lagergemüse im Angebot: Möhren, Sellerie, Lauch, Rüben, Kohl, Kartoffeln. Auch üppigere Fleischportionen sind wieder gefragt. Nicht nur die festliche Weihnachtsgans, auch ein Schweinebraten mit Knusperkruste und das lange geschmorte Rinderragout haben nun ihre Zeit.

In den Reportagen erfahren Sie Wissenswertes über die Produkte. Sie berichten über Biobauern und ihre Arbeit, über Obst- und Gemüseanbau, glückliche Hühner, Rinder und Schweine, feine Milchprodukte, freiheitsliebende Ziegen und über zeitgemäßen Getreideanbau. Und sie berichten auch darüber, wie die Produkte produziert werden – nach den Prinzipien des ökologischen Landbaus. Das bedeutet artgerechte Tierhaltung, Getreidefelder, auf denen auch Klatschmohn wachsen darf, Landwirtschaft ohne chemisch-synthetische Dünge- und Pflanzenschutzmittel. Felder, die von Hecken begrenzt werden, in denen wieder Vögel nisten und Insekten leben. Es ist eine naturverträgliche Wirtschaftsweise. »Von der Natur lernen und im Einklang mit ihr wirtschaften« lautet der Grundsatz des ökologischen Landbaus in Deutschland. So entstehen unverfälschte, Lebensmittel mit vollem Geschmack, denn sie hatten Zeit zum Wachsen: kerniges Fleisch, das nicht in der Pfanne schrumpft, Obst und Gemüse mit hohem Gehalt an Vitaminen, Mineralstoffen und sekundären Pflanzenstoffen, Eier und Milch, die für viele fast ungewohnt natürlich schmecken.

Das Schöne ist, dass heute auch in der Großstadt solche Lebensmittel in breiter Vielfalt im Naturkostfachhandel und in Supermärkten angeboten werden. Genießen Sie also die Landküche in der Stadt und auf dem Land. Wir laden Sie ein zu einer kulinarischen Entdeckungsreise durch die Landküche, wünschen Ihnen gute Unterhaltung beim Lesen dieses Buches und viel Spaß beim Kochen und Genießen der Rezepte.

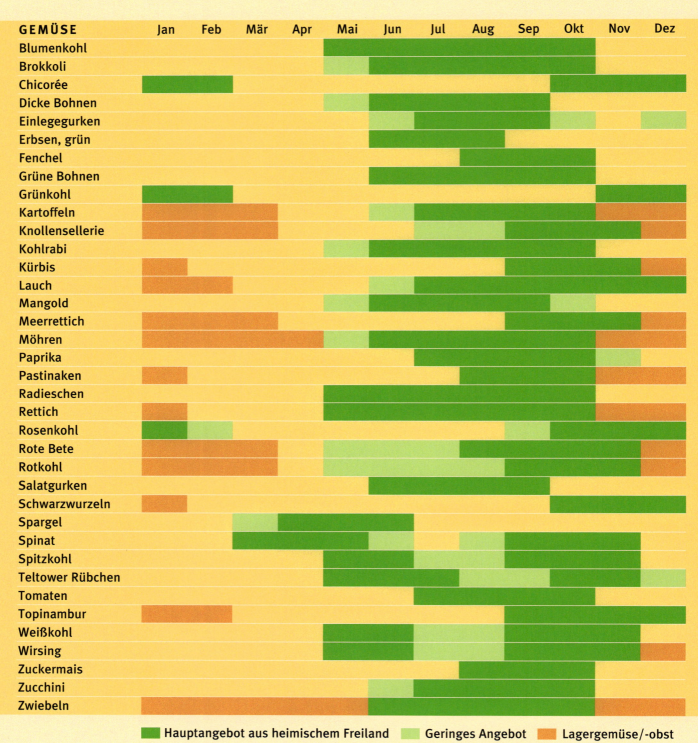

SAISONKALENDER

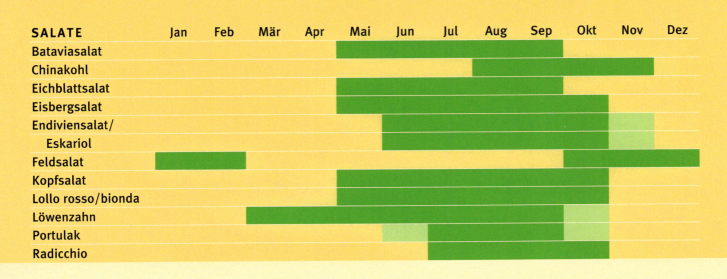

Frühling
Zartes Erwachen

Lust auf Frisches: Aus zarten Kräutern, knackigen Salaten,

Milchprodukten und Eiern lassen sich

herrlich leichte Gerichte bereiten. Erdbeeren und Rhabarber

setzen Akzente. Die Spargelzeit beginnt.

Zartes Erwachen
Frühling

Frühlingszeit ist Pflanzzeit. Die Setzlinge sorgen für frisches Grün auf den geeggten Feldern.

Das Frühjahr ist in der Landwirtschaft die Zeit der Vorbereitung. Es wird gepflanzt und gesät, damit im Sommer und im Herbst geerntet werden kann. In den Obstplantagen blühen die Bäume und auf den Feldern sprießen die im Herbst gesäten Getreidesorten.

Es gibt draußen wieder viel zu tun: Die Bauern bereiten den Bodens für die Setzlinge und das Saatgut vor. Die Getreidefelder werden jetzt »gestriegelt« d.h. mit großen Harken gelüftet und vom Unkraut befreit. Obstbauern kämpfen gegen Schädlinge, damit diese in den Blüten keine Eier ablegen können. Rinder, die auf die Weide gestellt werden, müssen kontrolliert, die Zäune in Ordnung gebracht werden. Aber das bedeutet keineswegs, dass Natur und Landwirtschaft für eine ökologisch bewusste Ernährung in dieser Jahreszeit nichts zu bieten hätten.

Zeit für Nachwuchs
Bei vielen Tieren stellt sich im Frühjahr der Nachwuchs ein. Hühner, wenn sie artgerecht gehalten werden, legen wieder mehr Eier, für Enten und Gänse ist es die einzige Zeit zum Eierlegen. Auch bei Schafen und Ziegen regt sich einiges: Die Lämmer kommen zur Welt. Gleichzeitig gibt es wieder Ziegenmilch und damit auch den frischen Ziegenkäse, den wir im Winter vermisst haben.

Aromatisches Grün
Auch bei Gemüsen und Kräutern tut sich einiges: Kerbel, Sauerampfer und Löwenzahn haben jetzt Saison. In Wäldern und Parks riecht es nach Knoblauch: Es ist Bärlauch, der in den letzten Jahren seine Renaissance erlebt hat. Er bevorzugt kalkhaltige Böden und sprießt bereits, bevor die ersten Bäume ergrünen. Im März und April wird er auf den Märkten angeboten. Sie können aber die Blätter auch selber sammeln. Sie sind denen der Maiglöckchen ähnlich, duften aber unverwechselbar nach Knoblauch.

Die ersten Gemüse ergänzen das Angebot: Radieschen, Rhabarber, zarter Blattspinat, dicke Bohnen, Kohlrabi, frühe Bundmöhren und Mairübchen. Spargel und Erdbeeren setzen den kulinarischen Höhepunkt des Frühjahrs.

Kurze Wege – frische Produkte
Bei all diesen Produkten ist es wichtig, dass sie möglichst frisch genossen werden. Daher verkaufen immer mehr Produzenten ihre Produkte ab Hof.

Beim Spargel war so ein Direktverkauf schon immer üblich. Viele Großstädte haben ihr eigenes Anbaugebiet quasi vor der Haustüre – in Hamburg ist es der Lüneburger Spargel, in München der Schrobenhausener, in Berlin der Beelitzer. Und wer den wohl berühmtesten deutschen Spargel, den Schwetzinger, genießen möchte, fährt am besten gleich hin.

Doch auch in der Stadt gibt es heute vielfältige Möglichkeiten, regionale Produkte aus ökologischem Anbau einzukaufen. Im Naturkostfachhandel, in vielen Supermärkten und auf immer mehr kleinen Bauernmärkten wird frisches Obst und Gemüse angeboten. Dort bekommt man oft auch Biofleisch, Brot aus ökologisch angebautem Getreide, Nudeln, Eier und Milchprodukte.

Sehr beliebt ist auch die Biokiste, die in individuellen Zusammenstellungen von regionalen Erzeugern angeboten wird. Man kann sie abonnieren und bekommt wöchentlich knackig frisches Obst und Gemüse der Saison ins Haus geliefert.

Typisch Frühling: Rhabarber, Spargel und Erdbeeren.

FRÜHLING REZEPTE

Grüne Sauce mit Ei und Kartoffeln

Zubereitungszeit: 40 Min.
Pro Portion ca.: 580 kcal

Zutaten für 4 Personen:
1 kg kleine neue Kartoffeln
8 Eier
1/2 Zitrone
600 g cremig gerührter Joghurt
1 dickes Bund Kräuter für grüne Sauce (Dill, Petersilie, Kerbel, Pimpinelle, Borretsch, Gartenkresse, nach Belieben auch Schnittlauch, Sauerampfer oder Estragon)
4 EL Mayonnaise
Salz, Pfeffer

Die Kartoffeln mit einer Gemüsebürste gründlich waschen und in Wasser in etwa 20 Min. weich kochen, abgießen. Die Eier in 8–10 Min. hart kochen, abschrecken und pellen.

Inzwischen die Zitronenhälfte auspressen. Saft mit dem Joghurt mischen. Die Kräuter waschen, trockenschütteln, die Blättchen abzupfen und zusammen mit dem Joghurt pürieren. Mayonnaise unterrühren. Sauce mit Salz und Pfeffer abschmecken und zu den Kartoffeln und Eiern servieren.

TIPP

Für **Kräuterbrote** 1 Bund gemischte Kräuter mit kaltgepresstem Sonnenblumenöl und 1 EL Mandeln pürieren. Kräuterpaste mit Salz und Pfeffer würzen und je nach Geschmack fein abgeriebene Zitronenschale oder geriebenen Bergkäse untermischen. Baguette in Scheiben schneiden, Scheiben goldbraun toasten und mit der Kräuterpaste bestreichen.

Wildkräutersalat mit Hähnchenstreifen

Zubereitungszeit: 30 Min.
Pro Portion ca.: 260 kcal

Zutaten für 4 Personen:
Für den Salat:
2 Bund gemischte Wildkräuter (z.B. Sauerampfer, Rucola, Gartenkresse, Borretsch)
20 Gänseblümchen
12 Kapuzinerkresseblüten
Salz, Pfeffer
3 EL Apfelweinessig (oder ein anderer milder, heller Essig)
3 EL kaltgepresstes Sonnenblumenöl

Für die Hähnchenstreifen:
8 Scheiben Zwieback
1 Ei
2–3 EL Mehl
400 g Hähnchenbrustfilet
Salz, Pfeffer
Öl zum Braten

Wildkräuter, Gänseblümchen und die Kapuzinerkresseblüten verlesen, waschen und trockenschütteln. Salz, Pfeffer, Essig und Öl zu einem Salatdressing verrühren.

Für die Hähnchenstreifen Zwieback in der Küchenmaschine fein zerkleinern und auf einen Teller schütten. Das Ei in einem Suppenteller verquirlen, das Mehl auf einem dritten Teller ausstreuen. Filet in dicke Streifen schneiden, mit Salz und Pfeffer würzen. Filetstreifen zuerst im Mehl, dann im Ei und zuletzt in den Zwiebackbröseln wenden, leicht abklopfen.

Reichlich Öl in einer tiefen Pfanne erhitzen und die panierten Hähnchenbruststreifen darin in 5 Min. goldbraun braten. Wildkräuter im Dressing wenden, anrichten und mit den Blüten dekorieren. Die Hähnchenbruststreifen darauf legen. Dazu passt Weißbrot.

Nur ungiftige und ungespritzte Blüten verwenden. Je nach Saison z. B. Gänseblümchen, Kapuzinerkresse oder Kräuterblüten. Ungewöhnlich schön: Geranien, Astern oder Rosen. Nicht essbar sind Frühblüher wie Tulpen, Narzissen oder Krokusse.

15

Rucola-Ziegenkäse-Nocken

Zubereitungszeit: 1 Std.
Pro Portion ca.: 630 kcal

Zutaten für 4 Personen:
300 g Rucola
3 Zweige Thymian
60 g Butter
100 g würziger Bergkäse
200 g Ziegenfrischkäse (ersatzweise Magerquark)
3 Eigelbe
75 g Mehl
Salz
2 Knoblauchzehen
200 g Sahne
Pfeffer

Rucola waschen, grobe Stiele entfernen. Blätter in kochendem Wasser 3 Min. blanchieren. Abtropfen lassen, gut ausdrücken und fein hacken. Thymianblättchen von den Stielen streifen.

50 g Butter erhitzen. Thymian und Rucola darin 2–3 Min. dünsten. In eine große Schüssel füllen und abkühlen lassen. Den Bergkäse reiben.

Ziegenkäse, Bergkäse, Eigelbe, Thymian und Rucola mischen, das Mehl darüber sieben und unterheben. Aus der Masse mit nassen Händen oder zwei Esslöffeln Nocken formen, diese auf einer Platte etwas ruhen lassen.

In einem weiten Topf gut 10 cm hoch Salzwasser zum Kochen bringen. Nocken im siedenden Wasser portionsweise garen. Wenn sie an die Oberfläche steigen, Nocken noch 2 Min. ziehen lassen. Herausheben und warm halten, bis alle Klößchen fertig sind.

Inzwischen Knoblauch schälen, in feine Scheiben schneiden und in restlicher Butter hellbraun anbraten. Sahne dazugießen und 1 Min. aufkochen lassen. Sauce mit wenig Salz und Pfeffer würzen und mit den Nocken servieren.

Kräuterblini mit Schmand

Zubereitungszeit: 45 Min.
Ruhezeit für den Teig: insgesamt 1 Std.
Bei 12 Stück pro Stück ca.: 490 kcal

Für 12–14 Blini:
1 Ei, 1/2 TL Trockenhefe
Zucker, 75 g Mehl
50 g Buchweizenmehl
125–160 ml lauwarme Milch
30 g Bärlauch (ersatzweise Sauerampfer oder Brunnenkresse)
200 g Schmand
Salz, Pfeffer
1–2 EL Zitronensaft
Öl zum Braten

Für die Blini das Ei trennen. Hefe mit 1 Prise Zucker, Mehl und Buchweizenmehl mischen und mit 125 ml Milch und dem Eigelb verrühren. Falls nötig, noch etwas Milch untermischen. Zugedeckt an einem warmen Ort 30 Min. etwa zum doppelten Volumen gehen lassen. Dann Bärlauch waschen, in feine Streifen schneiden, unter den Teig heben und diesen weitere 30 Min. gehen lassen. Inzwischen für die Sauce Schmand mit Salz, 1 Prise Zucker, Pfeffer und Zitronensaft abschmecken.

Eiweiß steif schlagen und unter den Teig heben. Jeweils 1–2 EL Teig in Öl in 2–3 Min. goldbraun backen, dann wenden und in 1–2 Min. fertig backen. Fertige Blini in einer Serviette warm halten. Zum Servieren Blini mit Schmand bestreichen und nach Belieben zu gebeiztem Forellenfilet (Seite 175).

TIPP

Blini schon am Vortag backen und im vorgeheizten Backofen (100°, Mitte) aufbacken. Oder einfrieren und im vorgeheizten Backofen (100°, Mitte) etwa 10 Min. auftauen und erwärmen.

Zu den Blini passt neben gebeiztem Forellenfilet auch geräucherter Lachs oder Forellenkaviar.

Nach Belieben noch hart gekochte, halbierte Wachteleier in die fertige Suppe geben.

Statt mit Milchschaum Suppe auch mal mit einem Klecks saurer Sahne servieren.

Klare Spargelsuppe

Zubereitungszeit: 30 Min.
Garzeit für den Sud: 45 Min.
Pro Portion ca.: 30 kcal

Zutaten für 4 Personen:
500 g Bruchspargel
4 dünne Scheiben von 1 unbehandelten Zitrone
Salz, 1 TL Zucker
1 TL Butter, 1 Bund Schnittlauch

Spargelstücke waschen und schälen. Schalen aufheben. 1 1/2 l Wasser mit den Zitronenscheiben aufkochen und mit 1 TL Salz, Zucker und Butter würzen. Spargel in das kochende Wasser geben und 15–20 Min. leise kochen lassen, dann aus dem Sud nehmen und beiseite stellen. Schalen in den Sud geben und 45 Min. darin ziehen lassen. Durch ein feines Sieb abgießen, Sud auffangen, Schalen wegwerfen.

Schnittlauch waschen und in Röllchen schneiden. Spargelsud erneut aufkochen und eventuell nachwürzen. Spargel hineingeben und nochmal erhitzen. Mit Schnittlauch bestreut servieren.

Sauerampfersuppe

Zubereitungszeit: 40 Min.
Pro Portion ca.: 390 kcal

Zutaten für 4 Personen:
400 g Kartoffeln
1 Zwiebel, 1 EL Butter
1/2 l Gemüsebrühe
3 Bund Sauerampfer
1/4 l Milch, 100 g Crème fraîche
Salz, Pfeffer, Muskat
200 g Sahne

Die Kartoffeln schälen und grob zerteilen. Die Zwiebel schälen, fein würfeln und in der Butter glasig dünsten. Die Kartoffeln dazugeben, kurz mitdünsten. Gemüsebrühe angießen. Kartoffeln in etwa 20 Min. weich kochen, dann pürieren.

Den Sauerampfer waschen und trockenschütteln. Die Blätter ohne die groben Stiele mit der Milch pürieren.

Die Crème fraîche zur Suppe geben und alles mit Salz, Pfeffer und Muskat würzen. Zum Schluss das Sauerampferpüree in die Suppe geben, einmal aufkochen lassen. Suppe sofort servieren, Sahne getrennt dazu reichen.

Kerbelsuppe

Zubereitungszeit: 40 Min.
Pro Portion ca.: 300 kcal

Zutaten für 4 Personen:
1 Zwiebel
200 g mehlig kochende Kartoffeln
40 g luftgetrockneter Räucherspeck
1 EL Butter, Salz
3/4 l Milch, 100 g Kerbel
100 g Sahne, Pfeffer

Zwiebel und Kartoffeln schälen und würfeln. Speck fein würfeln. Speck, Zwiebeln und Kartoffeln in der Butter anbraten. Mischung salzen und mit 1/4 l Wasser 15–20 Min. garen, bis die Kartoffeln weich sind. 1/2 l Milch dazugießen, alles aufkochen lassen, dann pürieren.

Inzwischen Kerbel waschen, einige Blättchen beiseite legen. Rest grob hacken und mit der Sahne im Mixer pürieren. Kerbelsahne zur pürierten Suppe geben und erhitzen. Suppe salzen und pfeffern.

Restliche Milch erwärmen und mit dem Handmixer aufschäumen. Suppe in Tassen füllen, Milchschaum darauf verteilen und Suppe mit Kerbelblättchen bestreuen.

FRÜHLING REZEPTE

Rhabarbersuppe

Zubereitungszeit: 30 Min.
Pro Portion ca.: 235 kcal

Zutaten für 4 Personen:
2 Zwiebeln, 1 EL Öl
1 TL mildes Currypulver
1/2–3/4 l Gemüsebrühe
150 g rote Linsen
500 g Rhabarber
Salz, 1–2 EL Zucker
1/4 TL Harissa (nach Belieben)
1 kleines Bund Basilikum
100 g Joghurt

Zwiebeln schälen, halbieren und in Streifen schneiden. Öl in einem Topf erhitzen, Zwiebel darin andünsten und mit Curry bestäuben. 1/2 l Gemüsebrühe dazugießen. Rote Linsen darin 5 Min. kochen.

Rhabarber waschen, putzen, in 2 cm lange Stücke schneiden und 5 Min. leise mitkochen lassen. Falls nötig Brühe nachgießen.

Suppe mit Salz, Zucker und Harissa abschmecken. Basilikum waschen, Blätter in Streifen schneiden. Suppe auf 4 Teller verteilen, mit Basilikum und jeweils 1 Klecks Joghurt servieren.

Erbsensuppe mit Radieschen

Zubereitungszeit: 50 Min.
Pro Portion ca.: 295 kcal

Zutaten für 4 Personen:
700 g frische Erbsenschoten
1 Zwiebel, 2 Kartoffeln
8 Radieschen, 1 EL Butter
800 ml Gemüsebrühe
200 g Sahne, Salz, Pfeffer

Die Erbsenschoten waschen, aufbrechen und die Erbsen herauslösen. Die Zwiebel und die Kartoffeln schälen und würfeln. Die Radieschen putzen, waschen und in dünne Scheiben schneiden.

Die Zwiebel in der Butter glasig dünsten, Kartoffeln dazugeben, kurz mitdünsten, mit der Gemüsebrühe aufgießen und 10–15 Min. kochen lassen. Die Erbsen dazugeben und kurz mitkochen lassen. Einige Erbsen und Kartoffeln aus der Suppe nehmen, den Rest pürieren. Erbsen und Kartoffeln wieder in die Suppe geben. Suppe mit Sahne verfeinern, abschmecken und mit Radieschen bestreut servieren.

Bärlauchsuppe

Zubereitungszeit: 35 Min.
Pro Portion ca.: 230 kcal

Zutaten für 4 Personen:
50 g Bärlauch
50 g zarter Blattspinat
1 Schalotte
1 EL Butter, 1 EL Mehl
1/2 l Gemüsebrühe
200 g Sahne
Salz, Pfeffer, 1 Eigelb

Bärlauch und Spinat waschen und getrennt in feine Streifen schneiden. Schalotte schälen und fein würfeln.

Butter im Topf erhitzen, Schalotte darin glasig dünsten, Mehl darüber stäuben, mit heißer Gemüsebrühe auffüllen und alles 5 Min. kochen lassen. Inzwischen Spinat mit zwei Dritteln der Sahne pürieren, zur Brühe geben und 2 Min. mitgaren. Alles salzen und pfeffern, Bärlauch dazugeben und aufkochen lassen.

Restliche Sahne und Eigelb mit etwas Suppe verquirlen, dann unter die Suppe rühren, bis diese leicht gebunden ist. Suppe nicht mehr kochen, gleich servieren.

Die Gemüsesorten zu Filet und Zander können je nach Angebot und Appetit zusammengestellt werden.

Ein ungewöhnliches Frühlingsgemüse sind
junge, weiße Hopfensprossen. Sie galten früher als Abfallprodukt, heute entwickeln sie sich zur gefragten Delikatesse. Sie werden bei der Hopfenkultur im Frühjahr aus der Erde geholt. Für 4 Portionen 800 g Hopfensprossen mehrmals waschen, dann in 2 l Salzwasser mit dem Saft von 1 Zitrone in 2–3 Min. bissfest garen. Für Salat die Sprossen sofort kalt abschrecken und in Kräutervinaigrette 2 Std. marinieren. Als Gemüse schmecken die Sprossen gut in einer Roquefort-Sahne-Sauce mit Schnittlauch.

FRÜHLING REZEPTE

Kalbsfilet
mit Frühlingsgemüse

Zubereitungszeit: 30 Min.
Garzeit: 20–30 Min.
Pro Portion ca.: 275 kcal

Zutaten für 4 Personen:
1 Bund Frühlingszwiebeln
150 g Bundmöhren
250 g Mairübchen
4 Stangen Staudensellerie
1/2 Bund Thymian
1 TL Pfefferkörner
5 Wacholderbeeren
2 Lorbeerblätter
2 Nelken
Salz
4 Kalbsfiletsteaks (à ca. 200 g)
2 EL Öl
1 Kästchen Kresse oder 1 Bund Brunnenkresse

Die Frühlingszwiebeln putzen und waschen. Zartes Zwiebelgrün in Ringe schneiden und beiseite legen, Rest klein schneiden. Die Möhren schälen, die Mairübchen und den Staudensellerie waschen, alles putzen und ebenfalls klein schneiden. Thymian waschen und trockenschütteln. Thymian, Pfefferkörner, Wacholderbeeren, Lorbeerblätter und Nelken auf ein kleines Tuch oder in einen Teefilter legen und mit Küchengarn zu einem Säckchen binden.

800 ml Wasser mit 1 TL Salz aufkochen, das Gewürzsäckchen einlegen. Das Gemüse außer dem Zwiebelgrün im kochenden Wasser 3 Min. blanchieren, dann herausheben und eiskalt abschrecken. Brühe aufheben. Die Steaks in heißem Öl von beiden Seiten scharf anbraten, in die heiße Brühe legen und bei schwacher Temperatur 10–15 Min. darin ziehen lassen. Das Gemüse wieder dazugeben und alles nochmals 5–10 Min. ziehen lassen.

Kresse abschneiden. Die Filets zusammen mit dem Gemüse und der Brühe anrichten, Zwiebelgrün und Kresse darüber streuen. Dazu passen Salzkartoffeln.

Frühlingsgemüse
in Safransauce mit Zander

Zubereitungszeit: 35 Min.
Pro Portion ca.: 445 kcal

Zutaten für 4 Personen:
1 Bund Frühlingszwiebeln
3 Bundmöhren
2 junge Kohlrabi mit Grün
1/2 Kopf Brokkoli
600 g Zanderfilet (ohne Haut)
Salz

Für die Sauce:
1 Zwiebel
1 EL Butter
1/4 l Weißwein
200 g Crème fraîche
1 Döschen Safranfäden
Salz, Pfeffer

Die Frühlingszwiebeln putzen, waschen und klein schneiden. Möhren und Kohlrabi schälen. Möhren längs in dünne Scheiben, Kohlrabi ebenfalls in Scheiben schneiden. Zartes Kohlrabigrün waschen, hacken und aufheben. Brokkoli waschen und in Röschen teilen. Das Zanderfilet in breite Streifen oder Stücke schneiden und leicht salzen.

Für die Sauce die Zwiebel schälen, fein würfeln und in der Butter glasig dünsten. Das Gemüse dazugeben, kurz mitdünsten und mit dem Weißwein ablöschen. Die Crème fraîche und den Safran einrühren. Gemüse in der Sauce 2–4 Min. leise kochen. Den Fisch dazugeben und alles zugedeckt bei schwacher bis mittlerer Hitze 7–9 Min. garen. Alles mit Salz und Pfeffer abschmecken und mit Kohlrabigrün bestreut servieren. Dazu passt Reis.

21

FRÜHLING REZEPTE

Grünes Gemüse mit Garnelen

Zubereitungszeit: 40 Min.
Pro Portion ca.: 220 kcal

Zutaten für 4 Personen:
200 g Zuckerschoten
1 Bund Frühlingszwiebeln
500 g grüner Spargel
100 g zarter Blattspinat oder Bärlauch
8 rohe Garnelen
1 EL Butter
Saft von 1/2 Zitrone
Meersalz
150 g Sahne
1 TL Dijonsenf
weißer Pfeffer

Gemüse waschen, Zuckerschoten und Frühlingszwiebeln putzen und schräg in breite Streifen schneiden. Spargelstangen im unteren Drittel schälen und in 5 cm lange Stücke schneiden. Spinat oder Bärlauch verlesen und waschen. Garnelen aus der Schale lösen.

Butter in einer großen Pfanne erhitzen. Garnelen darin von beiden Seiten insgesamt 5 Min. braten, herausnehmen. Zuckerschoten, Frühlingszwiebeln und Spargel in der Butter anbraten. Mit wenig Zitronensaft beträufeln und salzen. Die Sahne dazugießen und alles zugedeckt 5–8 Min. bei schwacher Hitze bissfest garen. Spinat oder Bärlauch und Garnelen dazugeben und 2 Min. mitdünsten. Gemüse mit Senf, Pfeffer, Salz und Zitronensaft abschmecken.

Gemüse mit Weißbrot als Vorspeise servieren. Oder zusätzlich 4 Garnelen braten und auf Spieße stecken. Gemüse damit garnieren und mit Reis als Hauptgericht servieren.

Grüner Spargelsalat mit Erdbeeren

Zubereitungszeit: 30 Min.
Marinierzeit: 30 Min.
Bei 6 Personen pro Portion ca.: 160 kcal

Zutaten für 4–6 Personen:
2 kg grüner Spargel
Salz
500 g Erdbeeren
Pfeffer
6 EL Weißweinessig
6 EL Öl

Den Spargel waschen, holzige Enden abschneiden. Stangen im unteren Drittel schälen und in kochendem Salzwasser 5–8 Min. blanchieren, dann eiskalt abschrecken. Die Spargelstangen in mundgerechte Stücke schneiden. Die Erdbeeren waschen, putzen und vierteln.

Salz, Pfeffer, Essig und Öl zu einer Marinade verrühren, den Spargel und die Erdbeeren darin 30 Min. durchziehen lassen. Dazu passt Weißbrot.

TIPP

Selbst gemachter **Erdbeeressig** gibt dem Spargelsalat, aber auch Blattsalaten eine besonders aromatische Note. Dafür 200 g Erdbeeren waschen, putzen, vierteln und in eine Flasche stecken. 1/2 l milden Weißweinessig angießen und alles mindestens 24 Std. bei Zimmertemperatur durchziehen lassen. Der Erdbeeressig hält sich im Kühlschrank 3 Monate.

Der Salat schmeckt auch mit weißem Spargel. Dann die Stangen vollständig schälen und mit Salz, Zucker und Zitrone im Wasser in 12–15 Min. weich kochen.

Nach dem Stechen werden die Spargelstangen gewaschen, auf Länge geschnitten und sortiert nach den Handelsklassen Extra, I und II.

Spargelernte ist nach wie vor Handarbeit und erfordert Geschick und Fingerspitzengefühl.

Spargel
Gestochen schön

Wenn es unter den Gemüsen einen Aristokraten gibt, ist das ohne Zweifel der Spargel. Von edler, schlanker Gestalt und voll innerer Nährwerte wird er so hoch geschätzt, dass ihm die Speisekarten guter Restaurants stets eine Extraseite widmen.

Frischen Spargel gibt es bei uns nur zwei Monate im Jahr: von Mitte April bis exakt 24. Juni. Danach hören alle Spargelbauern gleichzeitig auf zu stechen und lassen ihr Gemüse ins Kraut schießen. Die Tradition hat ihren Sinn: Der Wurzelstock (Rhizom) muss sich wieder erholen, damit die Ernte des folgenden Jahres gesichert ist.
Angeboten werden grüner, violetter und weißer Spargel. Weißer Spargel wächst im Dunkeln. Es sind unterirdisch aus dem Wurzelstock wachsende Sprossen, die durch aufgeschüttete Erddämme besonders lang werden und weiß bleiben. Sollen sie ihr makelloses Weiß behalten, müssen sie gestochen werden, bevor sie die Erdkrume durchstoßen. Unter Sonneneinstrahlung verfärben sie sich violett oder grün, weil sie Chlorophyll ausbilden. Spargelernte ist auch heute noch Handarbeit.
Seit einigen Jahren sieht man immer mehr Felder, die mit schwarzen Planen abgedeckt sind, die zur Ernte angehoben werden. Die Folie speichert Wärme im Boden und ermöglicht eine frühere Ernte, außerdem bewahrt sie die Spargelspitzen vor zu viel Licht.
Grüner Spargel durchstößt beim Wachsen die Erdkruste und wird oberirdisch geerntet. Er wird bei uns immer beliebter, denn er hat ein kräftiges Aroma und muss nicht geschält werden.

Erntefrisch auf den Tisch
Nach dem Stechen muss es mit dem empfindlichen Gemüse schnell gehen. Waschen, schneiden, sortieren und dann ab - möglichst in den Hofladen. Erntefrisch schmeckt der Spargel am besten. Im Kühlschrank, in ein feuchtes Tuch gewickelt, hält er sich wenige Tage. Es werden verschiedene Qualitäten angeboten.
Frischer Spargel bricht, wenn man ihn biegt, und »quietscht«, wenn man ihn aneinander reibt. Schnittflächen müssen glatt sein und beim Zusammendrücken Flüssigkeit abgeben. Achtung, wenn beim Drücken der Spitzen Wasser austritt, dann ist abgelagerter Spargel »frisch« gewässert worden.

FRÜHLING SPARGEL

Die drei vom Spargelfeld: Bei der Ernte helfen oft polnische Saisonarbeiter.

Grünspargel wächst über der Erde und bildet dadurch Chlorophyll, das die Stangen grün färbt.

Spargel klassisch
1 1/2 kg Spargel schälen. Wasser in einem großen Topf aufkochen, mit Salz und Zucker würzen. Spargel ins kochende Wasser geben, 15-20 Min. sanft kochen lassen. Spargel auf eine vorgewärmte Platte heben. Nach Belieben mit blanchierten Lauchstreifen umwickeln und mit geschmolzener Butter servieren.

Spargel 80°-Methode
Backofen auf 80° (Umluft 70°) vorheizen. 1 1/2 kg Spargel (möglichst gleich dicke Stangen) schälen. Zwei ofenfeste Formen mit Butter fetten, Spargelstangen nebeneinander hineinlegen. Mit Salz und wenig Zucker würzen, 4 EL Butter schmelzen und darüber gießen. Die Form mit Klarsichtfolie dicht verschließen. Spargel im Backofen (Mitte) 90 Min. garen. Aus dem Ofen nehmen und verschlossen einige Minuten ruhen lassen. Schmeckt pur oder mit Vinaigrette als Salat – dann den Spargel in der Vinaigrette etwa 2 Std. bei Raumtemperatur marinieren.

Spargel aus der Folie
1 1/2 kg Spargel (möglichst gleich dicke Stangen) schälen. Backofen auf 200° vorheizen. 150 g Butter schmelzen. Den Spargel in 4 Portionen teilen und jede Portion auf je 2 große, übereinander gelegte Bögen Alufolie legen. Mit Salz und wenig Zucker würzen. Mit der flüssigen Butter begießen. Nacheinander die beiden Folien über dem Spargel schließen und sorgfältig zusammenfalzen. Die Pakete nebeneinander auf das Backblech legen. Spargel im Backofen (unten, Umluft 170°) 40–45 Min. garen. Herausnehmen und kurz ruhen lassen. Die Folien erst am Tisch öffnen.

Das passt zum Spargel:
Flüssige Butter, roher Schinken und neue Kartoffeln.
Hauchdünne Crêpes und Räucherlachs.
Petersilienkartoffeln, kleine, panierte Schnitzel und braune Butter.
Sauce Hollandaise und gekochter Schinken.

Ob klassisch oder im Backofen zubereitet: Für 4 Personen braucht man gut 1 1/2 kg Spargel.

FRÜHLING REZEPTE

Lammkeule mit Gemüse

Zubereitungszeit: 45 Min.
Garzeit: 1 Std. 30 Min.
Pro Portion ca.: 820 kcal

Zutaten für 6 Personen:
8 Knoblauchzehen
3 Zweige Rosmarin
3 Zweige Thymian
3 EL Sonnenblumenöl
Salz, Pfeffer
1 Lammkeule mit Knochen (ca. 2 kg)
500 g Tomaten
500 g Möhren
500 g Kartoffeln
500 g Zwiebeln
1/4 l Rotwein

Backofen auf 250° vorheizen. Knoblauchzehen schälen. Rosmarinnadeln und Thymianblätter von je 1 Zweig abzupfen und mit 2 Knoblauchzehen fein hacken. Mit 2 EL Öl, Salz und grob gemahlenem, schwarzem Pfeffer mischen. Die Lammkeule damit einreiben, in einen großen Bräter legen und im heißen Backofen 20 Min. anbraten, nach 10 Min. wenden.

Inzwischen das Gemüse waschen, Tomaten ohne die Stielansätze vierteln. Möhren und Kartoffeln schälen und längs vierteln. Zwiebeln schälen und in Spalten schneiden.

Die Temperatur auf 170° reduzieren. Das Gemüse und den restlichen Knoblauch mit den Kräuterzweigen zum Fleisch geben, mit 1 EL Öl beträufeln und salzen. Rotwein angießen und alles weitere 1 1/2 Std. garen.

Den Backofen abschalten, Fleisch und Gemüse auf einer großen, ofenfesten Platte anrichten und im abgeschalteten Ofen etwa 15 Min. ruhen lassen. Die Sauce etwas einkochen lassen und mit Salz und Pfeffer abschmecken. Die Lammkeule mit dem Gemüse und der Sauce servieren. Dazu passt geröstetes Brot.

Lammlende in Salbeibutter

Zubereitungszeit: 25 Min.
Pro Portion ca.: 185 kcal

Zutaten für 4 Personen:
4–8 Salbeiblätter
4 Lammlenden (ca. 400 g)
Salz, Pfeffer
2 dünne Scheiben luftgetrockneter Schinken (ca. 30 g)
1/2 Orange
je 1 EL Öl und Butter

Salbei waschen und trockentupfen. Lammlenden salzen und pfeffern. Schinken in feine Streifen schneiden oder mundgerechte Stücke zupfen. Orangenhälfte auspressen.

Öl und Butter in einer Pfanne erhitzen, das Fleisch von beiden Seiten je 2 Min. anbraten, Salbeiblätter mitbraten. Hitze reduzieren und Schinken dazugeben und mitbraten. Mit Orangensaft ablöschen. Lammlenden bei schwacher Hitze 10–12 Min. schmoren. Dazu passen grüne Bohnen und Kartoffeln.

Variante: Lammfilets mit Tomatenkruste

5 Scheiben Toastbrot entrinden, würfeln und im Mixer fein zerkleinern. 100 g weiche Butter mit 3 EL Tomatenmark schaumig rühren und mit 2–3 fein gehackten getrockneten Tomaten und den Brotbröseln mischen, nach Belieben salzen. Die Masse auf Folie geben, eine Rolle daraus formen und etwa 1 Std. kühlen. 4 Lammfilets von allen Seiten salzen und pfeffern und in Öl von jeder Seite etwa 4–6 Min. braten. Lammfilets in eine Auflaufform setzen, dünne Scheiben der gekühlten Tomatenmasse darauf legen und im vorgeheizten Backofen (Grill, 250°) 3–4 Min. gratinieren.

Die Kruste lässt sich in Scheiben geschnitten und in Folie verpackt auch gut einfrieren.

Noch fruchtiger wird's, wenn ausgelöste Orangenfilets zum Schluss in der Sauce mit erhitzt werden.

Weidemastlämmer, die auf den Salzwiesen der Nordseeküste gehalten wurden, haben besonders aromatisches Fleisch.

Zickleinbraten ist in Italien und Spanien ein typisches Ostergericht.
Auch bei uns wird um diese Zeit Fleisch von Ziegenkitzen angeboten. Es ist sehr zart und mild und kann wie Lammfleisch zubereitet werden. Da es magerer ist als Lammfleisch, sollte es bei der Zubereitung vor dem Austrocknen geschützt werden.

FRÜHLING REZEPTE

Lamm
in Zitronensauce

Zubereitungszeit: 1 Std. 15 Min.
Bei 6 Personen pro Portion ca.: 340 kcal

Zutaten für 4–6 Personen:
1 kg Lammfleisch (möglichst Milchlamm) ohne
Knochen
1 EL Mehl
70 g luftgetrockneter Schinken
3 Schalotten
je 1 EL Butter und Sonnenblumenöl
Salz, Pfeffer
1/4 l trockener Weißwein
1/4 l Gemüsebrühe oder Lammfond
1 unbehandelte Zitrone
1 Bund Petersilie
3 frische Eigelbe

Das Fleisch in Portionsstücke schneiden und im Mehl
wenden. Schinken in Würfel schneiden. Schalotten schälen und in Scheiben schneiden.

Butter und Öl in einem Schmortopf erhitzen, Fleisch,
Schinken und Schalotten darin goldbraun anbraten. Mit
Salz und Pfeffer würzen und mit etwa 1/8 l Wein und Brühe auffüllen. Zugedeckt bei schwacher Hitze 1 Std. garen,
bei Bedarf Wein und Brühe nachgießen.

Zitrone heiß abwaschen, abtrocknen. Die Schale fein
abreiben, Saft auspressen. Die Petersilie waschen und
trockenschütteln. Blättchen fein hacken. Die Eigelbe mit
Zitronensaft, -schale und der Petersilie verrühren.

Die Fleischstücke aus dem Topf nehmen und in einer Ser-
vierschüssel warm stellen. Den Topf vom Herd nehmen
und die Ei-Zitronen-Mischung mit dem Schneebesen
unter die Sauce rühren, bis diese leicht gebunden ist. Das
Fleisch mit der Sauce begießen und gleich servieren. Dazu
passen neue Kartoffeln.

Lammstelzen
mit Frühlingsgemüse

Zubereitungszeit: 2 Std.
Pro Portion ca.: 250 kcal

Zutaten für 4 Personen:
4 Lammstelzen
Salz, Pfeffer
1 EL Mehl
1 Knoblauchzehe
1 Zwiebel
50 g durchwachsener Räucherspeck
1 EL Butterschmalz
200 ml trockener Weißwein
400 ml Lammfond
1 Lorbeerblatt
2 Bund Frühlingszwiebeln
500 g Bundmöhren
1–2 Hand voll Kerbel

Lammstelzen abwaschen, trockentupfen, salzen, pfeffern
und mit Mehl bestäuben. Knoblauch und Zwiebel schälen
und fein würfeln. Speck würfeln.

Lammstelzen und Speck portionsweise im Butterschmalz
bei starker Hitze rundherum anbraten, Knoblauch und
Zwiebeln kurz mitbraten. Mit dem Wein ablöschen.
150 ml Fond angießen, Lorbeer dazugeben. Alles aufkochen, dann zugedeckt bei schwacher bis mittlerer Hitze
1 1/4 Std. schmoren lassen, dabei bei Bedarf etwas Fond
angießen. Lammstelzen immer mal wieder wenden.

Inzwischen Frühlingszwiebeln putzen und waschen.
Sehr dunkles Grün wegschneiden. Zwiebeln in 5 cm
lange Stücke schneiden. Möhren schälen und längs
vierteln. Lange Möhren quer halbieren. Gemüsestreifen
nach 1 1/4 Std. Garzeit zu den Stelzen geben und noch
10–15 Min. mitschmoren lassen. In dieser Zeit Kerbel
verlesen, vorsichtig waschen und hacken. Lammstelzen,
Gemüse und Sauce mit Salz und Pfeffer abschmecken
und mit gehacktem Kerbel bestreut in dem Schmortopf
servieren. Dazu passt Kartoffelgratin.

FRÜHLING REZEPTE

Kaninchen mit Hirse

Zubereitungszeit: 1 Std. 10 Min.
Pro Portion ca.: 800 kcal

Zutaten für 4 Personen:
2 Zwiebeln
4 Knoblauchzehen
2 Chilischoten
2 Möhren
500 g Tomaten
400 g frische Erbsenschoten
1,5 kg Kaninchenteile (Keulen oder Vorderläufe)
Salz, Pfeffer
3 EL Öl
2 EL Paprikapulver, edelsüß
1 TL Kurkumapulver
1/2–3/4 l Geflügelfond oder -brühe
250 g Hirse

Die Zwiebeln und den Knoblauch schälen und fein würfeln. Die Chilischoten waschen, aufschlitzen, entkernen und klein schneiden. Die Möhren schälen und in Scheibchen schneiden, die Tomaten waschen und ohne den Stielansatz sehr klein würfeln. Die Erbsen aus den Schoten lösen.

Die Kaninchenteile mit Salz und Pfeffer würzen und im heißen Öl von allen Seiten scharf anbraten. Die Zwiebeln, Chilischoten und den Knoblauch dazugeben und kurz mitbraten. Paprika- und Kurkumapulver unterrühren, gut 1/2 l Geflügelfond angießen und 10 Min. kochen lassen.

Die Hirse, Möhren und Tomaten zum Kaninchen geben und 25–30 Min. zugedeckt leise kochen lassen, bis Fleisch und Hirse weich sind. Falls nötig, Geflügelfond nachgießen. Kurz vor dem Servieren die Erbsen unterrühren und 5 Min. mitkochen.

Kaninchenrücken mit Kräuterkruste

Zubereitungszeit: 45 Min.
Pro Portion ca.: 365 kcal

Zutaten für 4 Personen:
Für die Kräuterkruste:
1 kleines Bund Petersilie
2–3 Zweige Thymian
4 Scheiben Toastbrot
2 EL Butter
Salz, Pfeffer
Senf zum Bestreichen

Für das Kaninchen:
800 g Kaninchenrücken mit Knochen (am Rückgrat entlang eingeschnitten)
Salz, Pfeffer
2 El Öl

Den Backofen auf 180° (Umluft 160°) vorheizen. Für die Kräuterkruste die Petersilie und den Thymian waschen, trockenschütteln. Blättchen zusammen mit dem Toastbrot in der Küchenmaschine fein zerkleinern. Die Butter zerlassen und die Brotmischung darin kurz anrösten, mit Salz und Pfeffer abschmecken.

Das Kaninchen mit Salz und Pfeffer würzen. Das Öl in einem Bräter erhitzen. Kaninchen darin auf der Fleischseite scharf anbraten. Kaninchen auf die Knochenseite drehen und 10 Min. im Backofen (Mitte) weiterbraten.

Das Kaninchen herausnehmen, die Fleischseite mit Senf bestreichen. Kräutermischung gleichmäßig auf dem Senf verteilen. Kaninchen nochmals 10 Min. im Backofen weitergaren, bis die Kruste goldbraun ist.

Fleisch aus dem Ofen nehmen. Am Tisch vom Knochen lösen und in Stücke schneiden. Dazu passt gebackenes Gemüse (Seite 57).

Die Kräuterkruste eignet sich auch für anderes Fleisch oder für Fisch. Je nach Geschmack und Angebot können die Kräuter variiert werden.

Für perfektes Rührei die Eier mit Sahne (1 EL Sahne auf 2 Eier),
Salz und weißem Pfeffer verschlagen, Butter zerlassen und die Eimasse darin bei niedriger Hitze unter Rühren garen, bis sie cremig ist. Schmeckt mit Schnittlauch oder Petersilie, mit Krabben, gebratenem Speck, Tomaten, geriebenem Käse oder – ganz fein – mit gehobelten Trüffeln.

Kaiserschmarren

Zubereitungszeit: 20 Min.
Quellzeit: 30 Min.
Pro Portion ca.: 385 kcal

Zutaten für 4 Personen:
4 Eier
1 EL Zucker, Salz
100 g Mehl
200 ml lauwarme Milch
4 EL Butter
4 EL Sultaninen
4 EL gehackte Nüsse

Die Eier verquirlen, Zucker, 1 Prise Salz, Mehl und Milch unterrühren. Den Teig 30 Min. quellen lassen.

1/2 EL Butter in einer großen Pfanne erhitzen, ein Viertel des Teigs hineingießen, mit je 1 EL Sultaninen und Nüssen bestreuen. Teig bei mittlerer Hitze in 1–2 Min. stocken lassen.

Pfannkuchen wenden, wenn er auf der unteren Seite hellbraun ist. Mit 2 Gabeln in Stücke reißen. 1/2 EL Butter dazugeben und Schmarren noch 1 Min. weiterbraten.

Restlichen Teig ebenso backen. Die fertigen Portionen jeweils bis zum Servieren warm stellen, z. B. im Backofen bei 50°.

Dazu schmeckt Kompott oder ein frischer Zitronenjoghurt.

Variante: Kaiserschmarren mit Obst und pikant
Statt der Rosinen frisches, klein gewürfeltes Obst verwenden. Geeignet sind Äpfel, Birnen, Nektarinen oder Mango. Für pikante Varianten auf Zucker verzichten, stattdessen Teig mit etwas Muskatnuss, Pfeffer und frischen Kräutern würzen.

Variante: Pfannkuchen
Für Pfannkuchen den Teig mit 250 ml Milch anrühren, damit er etwas flüssiger bleibt. Teig dann wie Kaiserschmarren backen, aber nicht zerreißen. Pfannkuchen lassen sich süß oder pikant füllen.

FRÜHLING REZEPTE

Spinat-Eier

Zubereitungszeit: 40 Min.
Pro Portion.: 240 kcal

Zutaten für 4 Personen:
800 g Wurzelspinat
2 Zwiebeln
2 EL Butter
Salz, Pfeffer
Muskat
8 Eier

Schicht Eiermischung hineingeben, dick mit Schnittlauch bestreuen und in 5 Min. stocken lassen.

Omelett aus der Pfanne gleiten lassen und mit der Schnittlauchseite innen einrollen. Schräg in 5 cm Stücke schneiden und mit Zahnstochern feststecken. Je nach Pfannengröße 2–4 Omeletts herstellen.

Harte Stiele und Wurzeln vom Spinat entfernen, Blätter gründlich waschen, abtropfen lassen und grob hacken. Die Zwiebeln schälen, fein würfeln und in der Butter glasig dünsten. Den Spinat dazugeben und bei schwacher bis mittlerer Hitze 10 Min. mitdünsten. Mit Salz, Pfeffer und Muskat würzen.

Gebackene Holunderblüten

Zubereitungszeit: 35 Min.
Pro Portion ca.: 370 kcal

Zutaten für 4 Personen:
12 Holunderblüten
2 Eier
225–250 g Mehl
1/4 l Weißwein
1/2 TL Backpulver
Salz
3 EL Puderzucker
Öl zum Ausbacken

8 Vertiefungen in den Spinat drücken, die Eier dort hineinschlagen. Eier bei ganz schwacher Hitze zugedeckt in 7–8 Min. gar ziehen lassen. Eigelbe mit grob zerstoßenem Pfeffer und Salz bestreuen und sofort servieren.

Omelettröllchen

Zubereitungszeit: 20 Min.
Pro Portion ca.: 245 kcal

Zutaten für 4 Personen:
2 Bund Schnittlauch
6 Eier
6 EL Sahne
Salz
Pfeffer
2 EL Öl

Die Holunderblüten schütteln und mit Küchenpapier abtupfen. Die Eier trennen, Eiweiße zu Schnee schlagen. Das Mehl mit Weißwein, den Eigelben, Backpulver und Salz zu einem zähen Teig verrühren. Den Eischnee unterheben.

Reichlich Öl in einer tiefen Pfanne erhitzen. Die Holunderblüten am Stiel anfassen, in den Teig tauchen und im Öl in 5 Min. goldbraun backen. Vor dem Anrichten mit Puderzucker bestäuben.

Den Schnittlauch waschen, in Röllchen schneiden. Eier mit der Sahne, Salz und Pfeffer verquirlen. In einer Pfanne 1/2–1 EL Öl erhitzen. Eine dünne

FRÜHLING REZEPTE

Schinkenquiche

Zubereitungszeit: 30 Min.
Ruhezeit: 1 Std.
Backzeit: insgesamt 1 Std.
Bei 8 Stücken pro Stück ca.: 260 kcal

Zutaten für 1 Quicheform von ca. 28 cm Ø;
Für den Mürbeteig:
50 g kalte Butter
150 g Mehl, Salz
Fett für die Form
Mehl für die Arbeitsfläche

Für die Füllung:
150 g gekochter Schinken
120 g Emmentaler
1 Bund Frühlingszwiebeln
1 kleines Bund Petersilie
30 g Kerbel, 1/2 Kästchen Kresse
4 Eier, 1/4 l Milch
Salz, Pfeffer, Muskat

Für den Teig Butter in Würfel schneiden. Das Mehl auf eine Arbeitsfläche sieben und mit den Butterwürfeln, Salz und 4–5 EL kaltem Wasser schnell zu einem festen Teig verkneten. Den Teig in Frischhaltefolie einwickeln und 1 Std. im Kühlschrank ruhen lassen.

Inzwischen den Schinken in Streifen schneiden und den Emmentaler reiben. Die Frühlingszwiebeln putzen, waschen und klein schneiden. Die Petersilie und den Kerbel waschen, Blättchen fein schneiden. Kresse abschneiden.

Den Backofen auf 180° vorheizen. Form fetten. Die Arbeitsfläche mit Mehl bestäuben, den Teig ausrollen, in die Form legen und im Backofen (Mitte, Umluft 160°) 10–12 Min. backen und aus dem Ofen nehmen.

Schinken, Käse, Frühlingszwiebeln und Kräuter auf dem vorgebackenen Teig verteilen. Die Eier mit der Milch, Salz, Pfeffer und Muskat verquirlen, darüber gießen. Quiche im Backofen 40–45 Min. backen, bis die Oberfläche goldbraun ist. Quiche herausnehmen und in 8 Stücke schneiden. Dazu passt Salat.

Kräuter-Käsekuchen

Zubereitungszeit: 30 Min.
Backzeit: 50 Min.
Bei 8 Stücken pro Stück ca.: 480 kcal

Zutaten für 1 Quicheform von ca. 28 cm Ø:
250 g Mehl
150 g Butter
1 Ei
Salz
400 g Frischkäse
150 g Schmand
3 Eier
2 Bund gemischte Kräuter
1 Bund Bärlauch (ersatzweise Rucola)
1 Bund Frühlingszwiebeln
50 g geriebener Bergkäse
Pfeffer
Fett für die Form
Mehl für die Arbeitsfläche

Für den Teig das Mehl auf die Arbeitsfläche sieben. Mit Butter in Flöckchen, dem Ei und 1/4 TL Salz schnell zu einem glatten Teig verkneten. Wenn nötig, 1 EL kaltes Wasser mit unterkneten.

Die Form fetten, Arbeitsfläche mit Mehl bestäuben. Den Teig ausrollen und in die Form legen, dabei einen Rand formen. Die Form kühl stellen. Den Backofen auf 180° vorheizen.

Frischkäse, Schmand und Eier verrühren. Kräuter und Bärlauch waschen, grobe Stiele entfernen, dann fein hacken. Frühlingszwiebeln putzen, waschen, in feine Ringe schneiden. Mit Kräutern und Bergkäse unter die Frischkäsemasse rühren. Mit Salz und Pfeffer abschmecken.

Die Käsecreme auf den Teig füllen. Im Ofen (Mitte, Umluft 160°) 50 Min. backen.

Wenn Gäste kommen: Der Teig für den Kräuter-Käse-Kuchen lässt sich gut vorbereiten und im Kühlschrank aufbewahren. Oder Kuchen zubereiten und kalt servieren.

35

Stationen eines Käses: Im großen Bottich schwimmt der Käsebruch in der Molke. Mit der Hand prüft die Käsemeisterin die Korngröße des Frischkäses. Mit Schöpfkellen wird die Mischung aus Molke und Bruch in Formen geschüttet, aus denen die Flüssigkeit unten abfließen kann. Die frischen Käselaiber kommen auf Regale in den Reiferaum, wo sie sich entwickeln können.

Die Ziegen vom Hof Steinrausch haben auf den großen Weideflächen viel Auslauf. Auch im Winter können sie raus.

Ziegenkäse
Einfach gut

Ziegen lieben raue Natur und freien Auslauf. Ihr Käse ist ein edles und unverfälschtes landwirtschaftliches Produkt.

Ziegen mögen Berge. Dort, wo sie klettern können und würzige Kräuter und saftiges Gras finden, fühlen sie sich wohl. Ihre gehaltvolle Milch wird von den Bergbauern traditionell gleich oben zu Käse verarbeitet. Auf einer solchen Alm sind Sibylle Braas, Wiebke Medau und Regino Esch, drei junge Bio-Landwirte, in die Geheimnisse der Käserei eingeweiht worden.

Glückliche Ziegen

Jetzt haben sich die Öko-Spezialisten mitten im Eifeler Naturschutzgebiet auf »Hof Steinrausch« niedergelassen, um ihre Kenntnisse anzuwenden. Glockengeläut lenkt den Blick auf etwa 150 Ziegen, die auf den sanften Hügeln grasen. Bei Regen oder Kälte findet die Herde im großräumigen, lichtdurchfluteten Laufstall des Hofes optimalen Komfort: viel Stroh und stets frisches Wasser. Von Januar bis Oktober liefern die Tiere an der maschinellen Melkanlage täglich jeweils 3-6 Liter einer Milch, die auch Allergiker vertragen. Im Frühling gibt es Nachwuchs: Pro Ziege kommen 1 bis 2 Zicklein zur Welt.

Die Käserei

Große Edelstahlbehälter mit Rührwerken und Messinstrumenten und ein großzügiger Reiferaum erwecken einen professionellen Eindruck. Pro Woche werden ca. 3000 Liter Milch zu 300 kg Käse verarbeitet. Lauwarm und mit Lab versetzt bildet sich nach einiger Zeit eine quarkartige Masse, die mit der »Käseharfe«, einer Art überdimensionaler Eierschneider, zerkleinert wird. Der entstandene »Bruch« wird in Kunststoffformen ähnlich Muffin-Backformen geschöpft, aus denen die Molke abfließt. Die frischen Käse kommen zur Rindenbildung in ein Salzbad und dann für einige Wochen ins Reifelager.

Aromatische Vielfalt

Ziegenkäse kann in gleicher Vielfalt wie Kuhkäse hergestellt werden. Die harten Sorten sind allerdings wenig gefragt. Steinrausch-Ziegenkäse ist begehrt und ist im weiten Umkreis in Geschäften, auf Märkten und – einmal wöchentlich – im eigenen Hofladen zu bekommen.

FRÜHLING ZIEGENKÄSE

Meine Freunde, die Ziegen! Ein nahezu liebevolles Verhältnis hat Ziegenmeister Regino Esch zu seinen Tieren (links).

Produkte aus der Ziegenkäserei: Schnittkäse Tilsiter Art mit und ohne Kräuter.

Ziegenfrischkäse mit Kirschtomaten
2 EL Sonnenblumenöl in einer Pfanne erhitzen, 500 g Kirschtomaten darin anbraten, mit 1 TL Zucker und grobem Meersalz bestreuen. 1 Min. in der Pfanne schwenken, dann 100 ml Weißwein dazugießen. 2–3 Min. weiterdünsten, bis die Haut der Tomaten zu platzen beginnt. Lauwarm mit ca. 150 g Ziegenfrischkäse anrichten, Pfeffer darüber mahlen und alles mit Basilikum bestreuen.

Ziegenkäsetaler in Filoteig
1 gehackte Knoblauchzehe, abgeriebene Schale von 1 unbehandelten Zitrone, 1 EL gehackte Thymianblättchen mit 3 EL Öl, Salz und Pfeffer mischen. 4 Ziegenkäsetaler in dem Würzöl wenden, dann auf Filoteigblätter setzen, je 1 Scheibe selbst getrocknete Tomate (Seite 62) oder 1 fein gehackte getrocknete Tomate aus dem Glas dazugeben. Teigblatt zusammendrehen und im vorgeheizten Backofen bei 220° (Mitte, Umluft 200°) knusprig backen.

Ziegenkäse-Crostini
100 g Ziegenfrischkäse mit 60 g gehackten Walnüssen, 2 EL Sahne, Salz und Pfeffer mischen. Dick auf Baguettescheiben streichen und im vorgeheizten Backofen bei 250° (oben, Umluft 230°) oder unter dem Backofengrill goldbraun backen oder grillen. Passt gut zu bitteren Salaten wie Chicorée, Frisée oder Radicchio.

Champignons mit Ziegenkäse gebacken
Pro Person 3–4 große Champignons trocken abreiben, die Stiele herausdrehen. In jeden Champignonkopf etwa 1/2 TL Bärlauchpesto oder Basilikumpesto streichen. Je 1 dünne Scheibe Ziegenfrischkäse darauf legen. Die Champignons in eine Auflaufform setzen, etwas Weißwein oder Brühe angießen und im vorgeheizten Backofen (180°) 20 Min. backen. Mit Salat anrichten und mit dem Sud aus der Form beträufeln.

Gedünstete Kirschtomaten passen besonders gut zu Ziegenfrischkäse.

37

Sieb mit feinem Küchentuch oder Mulltuch auslegen.

Selbst gemachter Frischkäse schmeckt süß und pikant angemacht.

Frischkäse aus Joghurt Grundrezept

Zubereitungszeit: 5 Min.
Ruhezeit: 12 Std.
Pro 100 g ca.: 185 kcal

Zutaten für ca. 500 g Frischkäse:
500 g Joghurt (10% Fett)
500 g Naturjoghurt (3,5% Fett, kein cremig gerührter Joghurt)
1 TL Salz
Sonnenblumenöl und Meersalz zum Garnieren

Joghurt mit dem Salz verrühren. Ein Sieb mit einem Küchentuch auslegen und den Joghurt hineinfüllen. Das Sieb in einen Topf hängen und das Tuch über der Joghurtmasse zusammendrehen. Joghurt 12 Std. abtropfen lassen. Den Frischkäse mit Sonnenblumenöl beträufeln und mit Meersalz bestreuen.

Varianten:

Frischkäse-Dip
Frischkäse mit 2 EL Rucolapüree oder geriebenem Meerrettich verrühren und als Brotaufstrich oder Dip zu Gemüse reichen.

Frischkäse mit Honig
Frischkäse mit dem Eisportionierer zu Kugeln formen. 4 EL flüssigen Honig mit 1 EL Zitronensaft verrühren, im Wasserbad leicht erwärmen und über den Frischkäse träufeln. Mit gerösteten gehackten Haselnusskernen bestreuen.

TIPP

Das Rezept funktioniert auch, wenn Sie den Frischkäse nur aus Vollmilchjoghurt oder 10%igem Joghurt zubereiten.

Frischkäse mit Tomaten
Den Frischkäse mit etwas durchgepresstem Knoblauch, wenig Salz und reichlich fein geschnittenem Basilikum mischen, Nocken abstechen und mit Ofentomaten oder getrockneten Tomaten anrichten. Mit Sonnenblumenöl beträufeln. Pfeffer darüber mahlen.

Gurken-Frischkäse
1 Bund Schnittlauch waschen, in Röllchen schneiden. 1 kleine Gärtnergurke schälen und in kleine Würfel schneiden. Mit 150 g Frischkäse mischen, mit Salz, Pfeffer und nach Belieben etwas Schnittlauchöl (Seite 59) abschmecken.

Frischkäsebällchen in Öl
Aus dem Frischkäse mit nassen Händen Kugeln formen und diese mit Knoblauchstiften, einer aufgeschlitzten Chilischote und 1 Rosmarinzweig in ein Glas füllen, mit kaltgepresstem Sonnenblumenöl auffüllen. 2 Tage ziehen lassen.

FRÜHLING REZEPTE

Meerrettich-Frischkäse
Frischkäse mit 1 EL geriebenem Meerrettich und 1/2 gewürfelten säuerlichen Apfel mischen. Mit Salz und Pfeffer würzen und mit Kresse bestreuen.

Kräuter-Frischkäse
Frischkäse mit 1-2 EL Zitronensaft und 1 kleinen gehackten Knoblauchzehe verrühren, 3 EL gehackte Kräuter unterheben und mit Salz und Pfeffer abschmecken.

Scharfer Dip mit Minze
Abgezupfte Blätter von 2 Stängeln Minze und 1 Bund Petersilie mit 100 g Joghurt pürieren. Das Püree mit Frischkäse verrühren. Mit Harissa und Salz würzen.

Vanille-Frischkäse

Zubereitungszeit: 15 Min.
Frischkäse: 12 Std.
Pro Portion ca.: 150 kcal

Zutaten für 4 Personen:
1/2 Grundrezept Frischkäse ohne Salz
1 Vanilleschote
250 g Himbeeren oder Erdbeeren
1 EL Puderzucker
1 EL Zitronensaft
Zitronenmelisse- oder Minzeblättchen zum Garnieren

250 g Frischkäse aus 500 g Joghurt nach dem Grundrezept ohne Salz zubereiten. Vanilleschote längs aufschlitzen, das Mark herauskratzen und mit dem Frischkäse mischen. Die Himbeeren verlesen und putzen. Erdbeeren waschen und putzen. Die Hälfte der Beeren mit dem Puderzucker und dem Zitronensaft pürieren.

Mit 2 Esslöffeln Nocken vom Frischkäse abstechen, diese auf Tellern mit Beerenpüree und ganzen Himbeeren oder Erdbeeren anrichten. Mit Kräuterblättchen garnieren.

Käsekuchen

Zubereitungszeit: 15 Min.
Backzeit: 50 Min.
Bei 12 Stücken pro Stück ca.: 370 kcal

Zutaten für 1 Springform von 26 cm Ø:
150 g Butter
200 g Zucker
4 Eier
1 Vanilleschote
6 EL feiner Grieß
500 g Quark
500 g Frischkäse (aus der Packung oder selbst gemacht, Grundrezept links)
Fett für die Form

Backofen auf 180° vorheizen. Butter mit dem Zucker schaumig rühren. Die Eier nach und nach darunter schlagen. Vanilleschote aufschlitzen, das Mark herausschaben und mit Grieß, Quark und Frischkäse unter die Eischaummasse rühren.

Die Form fetten, die Quarkmasse einfüllen. Im vorgeheizten Ofen (Mitte Umluft 160°) etwa 50 Min. backen.

FRÜHLING REZEPTE

Vanillecreme

Zubereitungszeit: 15 Min.
Backzeit: 1 Std.
Abkühlzeit: 3–4 Std.
Pro Portion ca.: 235 kcal

Zutaten für 6 Personen:
5 sehr frische Eigelbe
60 g Zucker
1 Vanilleschote
300 ml Milch
200 g Sahne

Eigelbe und Zucker im Wasserbad schlagen, bis sich der Zucker aufgelöst hat. In die Fettpfanne des Backofens 2 cm hoch Wasser einfüllen, den Backofen auf 120° vorheizen.

Vanilleschote längs aufschlitzen, Mark herausschaben und zu den Eiern geben. Schote in der Milch aufkochen. Etwas abkühlen lassen. Vanillemilch und die Sahne in die Eimasse rühren. Alles durch ein Sieb gießen und in Portionsförmchen füllen.

Förmchen in die Fettpfanne stellen und im vorgeheizten Ofen (Mitte, Umluft 100°) in 50–60 Min. stocken lassen. Herausnehmen, Vanillecreme gut durchkühlen lassen (am besten einige Stunden im Kühlschrank), im Förmchen servieren.

Variante: Crème brûlée
Die gut gekühlte Vanillecreme vor dem Servieren dünn mit braunem Zucker bestreuen. Zucker unter dem sehr heißen Backofengrill oder mit einem Bunsenbrenner (gibt es für die Küche) karamellisieren lassen.

Variante: Vanillesauce
400 g Sahne mit einer aufgeschnittenen Vanilleschote aufkochen. 4 Eigelbe mit 50 g Zucker über dem Wasserbad schaumig rühren. Die etwas abgekühlte Sahne langsam unter die Eigelbe rühren. So lange rühren, bis die Sauce cremig wird. Sauce durch ein feines Sieb gießen.

Schokoladenflammeri

Zubereitungszeit: 20 Min.
Kühlzeit: 2 Std.
Pro Portion ca.: 340 kcal

Zutaten für 4 Personen:
3/4 l Milch
100 g Bitterschokolade (70% Kakao)
40 g Speisestärke
2 sehr frische Eigelbe, 2 EL Zucker

1/2 Tasse Milch beiseite stellen, restliche Milch erhitzen. Schokolade zerkleinern und darin schmelzen.

Speisestärke mit der kalten Milch glatt rühren, dann in die kochende Milch rühren. Milch 2 Min. unter Rühren leise kochen lassen. Vom Herd nehmen.

Eigelbe mit dem Zucker verrühren und unter die Schokoladencreme schlagen. Creme in Portionsschälchen füllen und abkühlen lassen.

Variante: Schokoladensauce
200 ml Milch und 3 EL Sahne mit 1 EL Zucker aufkochen. Vom Herd nehmen, 5 zerdrückte Kardamomsamen darin 5 Min. ziehen lassen. 200 g Bitterschokolade oder dunkle Kuvertüre im Wasserbad schmelzen. Die Milch nach und nach durch ein Sieb zur Schokolade gießen und mit dem Schneebesen unterrühren.

Variante: Mousse au Chocolat
Für 4 Portionen 150 g Zartbitter-Schokolade zerbröckeln und mit 100 g Creme fraîche bei schwacher Hitze unter Rühren schmelzen. Mit 1 EL starkem Espresso verrühren und etwas abkühlen lassen. 2 frische Eiweiße mit 1 TL Puderzucker zu sehr festem Schnee schlagen. Einige Esslöffel Eischnee unter die Schokoladencreme rühren, dann den Rest unterheben. In eine Schale oder Portionsschälchen füllen und über Nacht kühl stellen.

Zum Schokoladendessert passt halbflüssige Sahne mit etwas Orangensaft und -schale gemischt.

41

Erdbeer-Sorbet

Zubereitungszeit: 10 Min.
Kühlzeit: 3 Std.
Pro Portion ca.: 130 kcal

Zutaten für 4 Personen:
300 g Erdbeeren
1 Zitrone
100 g Zucker

Die Erdbeeren waschen und putzen, die Zitrone auspressen. Die Erdbeeren mit dem Zitronensaft und dem Zucker pürieren und in eine bauchige Schüssel füllen.

Die Schüssel für 3 Std. in das Tiefkühlgerät stellen und alle 30 Min. mit einem Schneebesen durchrühren.

Um Nocken abzustechen, zwei Esslöffel in kaltes Wasser eintauchen, das Sorbet damit formen.

TIPPS

Dekorativ: Gläser oder Schälchen vor dem Anrichten 30 Min. ins Tiefkühlgerät stellen. Das Sorbet schmilzt dann nicht sofort und sieht schöner aus. Oder Sorbet mit Erdbeerblättern und Blüten anrichten. Auch aus anderen Früchten lassen sich Sorbets herstellen: Einfach Fruchtpüree oder Fruchtsaft mit reichlich Zucker und eventuell etwas Alkohol verrühren und, wie im Rezept beschrieben, gefrieren lassen.

Erdbeer-Rhabarber Marmelade

Zubereitungszeit: 45 Min.
Pro Glas ca.: 530 kcal

Zutaten für 8 Gläser (à ca. 1/4 l Inhalt):
600 g Rhabarber (grüne Sorte)
600 g Erdbeeren
1 Vanillestange
ca. 1 kg Gelierzucker

Den Rhabarber und die Erdbeeren waschen. Vom Rhabarber mit einem kleinen, spitzen Messer die Fäden abziehen. Stangen in Stücke schneiden. Die Erdbeeren putzen und mit einem Kartoffelstampfer zerdrücken. Vanillestange der Länge nach aufschlitzen und das Mark herauskratzen. Die vorbereiteten Früchte wiegen und entsprechend der Packungsanweisung den Gelierzucker dazu abwiegen.

Den Rhabarber mit 1/4 l Wasser und dem Vanillemark 5 Min. kochen lassen. Die Erdbeeren mit dem Gelierzucker mischen und laut Packungsanweisung mit dem Rhabarber verkochen. Die heiße Marmelade in sterilisierte Twist-off-Gläser füllen, verschließen, Gläser auf die Deckel stellen und so abkühlen lassen.

Variante: Rhabarberkompott

500 g grünen Rhabarber waschen, mit einem kleinen, spitzen Messer die Fäden abziehen und die Stangen in Stücke schneiden. 1 unbehandelte Zitrone heiß abwaschen, abtrocknen und einen 5 cm langen Streifen von der Schale abschneiden. 5 EL Zucker in etwas Wasser auflösen und in 4–6 Min. hellbraun karamellisieren lassen. 1/4 l Wasser angießen, Zitronenschale und 1 Zimtstange dazugeben und kurz kochen lassen. Rhabarber hinzufügen und in 8–10 Min weich kochen. Kompott auf Zimmertemperatur abkühlen lassen und servieren.

FRÜHLING REZEPTE

Natürlich am besten: *Milch & Käse*

Milchkühe in Biobetrieben führen ein schönes Leben. Die meiste Zeit verbringen sie draußen in der Natur und mögen auch den Kontakt zu den Menschen. Die beiden neu geborenen Kälber von Hans Meier sind allerdings nur hungrig.

Was für die Urlauber Voraussetzung für gelungene Ferien ist, wochenlang Sonnenschein ohne einen Tropfen Regen, kann sich für einen Biobetrieb mit 70 Milchkühen zum Problem entwickeln. Vertrocknete Grasnarben und versteppte Weiden bedeuten für Hans Meier, Milchbauer in Ursensollen bei Amberg, dass er seine Tiere bereits im Sommer mit Heu, Silage und Getreidehäcksel füttern muss, Futter, das eigentlich für den Winter gedacht war. Doch in der Regel funktioniert der geschlossene Kreislauf auf diesem Hof bestens. Nur ein gutes Drittel seiner Fläche lässt er beweiden, auf dem Rest wächst der Futtervorrat für die kalte Jahreszeit:
Klein gehäckseltes Getreide und angetrocknetes Gras werden in einem großen Flachsilo in einer kontrollierten Gährung zu Silage verarbeitet. Etwa zwanzig Tonnen müssen bereit gehalten werden, um die Herde gut durch den Winter zu bringen.

Um die Tiere mit den erforderlichen Eiweißstoffen zu versorgen, bekommen sie zwischendurch immer wieder »Leckerlis«: Die vier Schwarzbuntkühe lieben die geschrotete Weizen-Hafer-Tritikale-Mischung.

Bei Hans Meier stehen die Tiere im Sommer auf der Weide und im Winter im Laufstall mit immer noch viel Bewegungsmöglichkeit. Zweimal täglich geht´s in den Melkstall. Rund 15 Liter Milch gibt eine Kuh bei jedem Melkvorgang ab; über eine Rohrleitung wird die Rohmilch in einen Behälter gepumpt, wo sie sofort auf 4 °C heruntergekühlt wird. Bei Kühen, die gerade gekalbt haben, leitet Hans Meier die abgemolkene Milch in eine bereit stehende Kanne ab, um sie später an die Kälber zu verfüttern. Die Kleinen werden ausschließlich mit dieser Milch aufgezogen und entwickeln dabei beachtlichen Durst: Ihre Tagesration besteht aus 20–30 Litern. Nach sechs Monaten werden sie langsam entwöhnt und auf Grünfutter umgestellt.

Rohmilch ist ein hochwertiges Lebensmittel mit vielen Vitaminen und Mineralstoffen, die zunächst nur direkt ab Hof abgegeben werden darf. Hat der Bauer die notwendige Lizenz, so darf er sie unverarbeitet unter der Bezeichnung »Vorzugsmilch« in den Han-

Den Weg zum Melkstall finden die meisten Kühe auch alleine.

Collostralmilch wird unmittelbar nach dem Kalben produziert und ist in ihrer Zusammensetzung exakt auf die Bedürfnisse der Kälber abgestimmt.

Mehrmals pro Woche legt Harald Wohlfahrt Hand an. Die Käselaiber – hier ein Heiderer mit Kräutern – werden mit »Rotschmiere gewaschen«.

del bringen. Sie stammt aus streng überwachten Rinderbeständen und ist vollkommen unbedenklich, weil ihr Bakteriensystem – bedingt durch natürliche Haltung und Fütterung der Kühe – stabil ist. Gekühlt hält sich die Milch etwa sechs Tage. Leider ist sie selten zu bekommen; nur eine Hand voll Landwirte in Deutschland haben sich den strengen Auflagen zur Lieferung dieser vorzüglichen Milch unterworfen.

Nur ein ganz geringer Teil der deutschen Milchproduktion geht als Rohmilch und Rohmilchkäse an die Verbraucher. Der größte Teil wird erst einmal pasteurisiert, um Krankheitserreger abzutöten. Diese kurzzeitige Erhitzung auf etwa 70 °C ist auch für Biomilch vorgeschrieben. Um das Aufrahmen zu verhindern, wird sie oft zusätzlich homogenisiert: Unter hohem Druck werden die Fetttröpfchen auf einheitliche Größen zerschlagen, auch um eine gleichbleibende Konsistenz zu erreichen. H-Milch wird durch Erhitzung auf 140 °C hergestellt; sie hält sich wesentlich länger als pasteurisierte, hat aber auch weniger Nährstoffe.

Neben diesen Wärmebehandlungen wird die Milch durch Zentrifugieren in unterschiedlichem Ausmaß entrahmt. Während sie im Normalzustand mindestens 3,5 % Fett aufweist (Vollmilch), bietet der Handel solche mit 1,5 % (fettarme Milch) und 0,3 % (Magermilch). Die anderen Nährwerte bleiben dabei in vollem Umfang erhalten.

Aus dem entzogenen Fett, der Sahne, kann man durch »Schlagen« Butter herstellen. Dabei vereinigen sich die Fettkügelchen zu einer zusammenhängenden und formbaren Masse. Nimmt man dazu unverarbeitete (süße) Sahne, so entsteht Süßrahmbutter. Wurde die Sahne vorher mithilfe von Bakterien angesäuert (Sauerrahm), wird daraus Sauerrahmbutter bzw. mildgesäuerte Butter mit jeweils leicht nussigem Geschmack.

Sauerrahm-Produkte

Milch gerinnt, wenn Säure zugesetzt wird. Der Vorgang kann von alleine eintreten, wenn die Milch zu lange steht: Die bereits vorhandenen Milchsäurebakterien vermehren sich, es entsteht Dickmilch. Buttermilch wird aus Magermilch hergestellt, der man Bakterienkulturen zusetzt; ihren Namen hat sie, weil sie ursprünglich beim Buttern anfiel. Joghurt entsteht, wenn lauwarme Milch mit speziellen Milchsäurebakterien, z.B. dem *lactobacilus bulgaricus* versetzt wird. Saure Sahne, Schmand und Crème fraîche unterscheiden sich nur durch ihre unterschiedlichen Fettgehalte. Quark mag zwar äußerlich Joghurt und Dickmilch ähnlich sein. In Wahrheit handelt es sich aber um Käse im ersten Stadium. Auch er ist mit verschiedenen Fettstufen von 0 % (Magerstufe) bis 40 % i.Tr. (Sahnequark) im Handel. (i.Tr. = in Trockenmasse; absolut gesehen hat Sahnequark 10 % Fett). Schichtkäse besteht aus Quarkschichten mit unterschiedlichem Fettgehalt, heute eine Spezialität von Hofkäsereien.

Käse aus Rohmilch

Rohmilch als vollkommen naturbelassenes Produkt begegnet uns häufig in Form von Rohmilchkäse, etwa bei Heidi und Harald Wohlfahrt. In ihrer Hofkäserei im oberpfälzischen Edelsfeld produzieren sie Käse vom Feinsten – mit der Milch ihrer eigenen Kühe. Über Leitungen fließt die frisch gemolkene Rohmilch direkt in die großen Bottiche der Käseküche, wo der würzige Heiderer, der cremig-kräftige Taleggio oder der mehrfach preisgekrönte Camenbert namens Amtsschimmel seinen Anfang nimmt. Reine Natur auch bei den notwendigen Zusätzen: Die Bakterienimpfung erfolgt mit natürlichem Kälberlab, und die Kräuter stammen aus biologischem Anbau. Halbfeste Käse bleiben 10 bis 12 Wochen im Reiferaum, bei harten Sorten dagegen kann es auch schon einmal ein Jahr dauern, bis sie in den Verkauf kommen. Zwischendurch werden sie immer wieder mit »Rotschmiere« gewaschen, einem natürlichen Schimmel, der den Reifevorgang steuert und die Rinde aufbaut. Der Charakter des Rohmilchkäses ist jahreszeitlichen Schwankungen unterworfen, so wie sich auch die Zusammensetzung der Milch je nach Fütterung ändert.

Schafmilch

Die Milch von Schafen hat etwa den doppelten Fett- und Eiweißanteil wie Kuhmilch und lässt sich genau so weiterverarbeiten. Schafmilchprodukte sind leicht verträglich und nicht überall zu bekommen, denn bei uns sind die Zuchtbetriebe dünn gesät. Iris Ehrentraut aus Schatteburg/Ostfriesland hat so einen. Mit ihren 28 Tieren produziert sie täglich etwa 30 Liter Biomilch und bereitet daraus Frischkäse, Weichkäse, Joghurt und – Schafmilchlikör her. Wer probieren möchte: Ihr Hofladen ist dienstags und freitags von 14:00 Uhr bis 18:00 Uhr geöffnet.

Von Hand wird nur ausnahmsweise gemolken, etwa, wenn es Probleme mit den Eutern gibt.

Sommer
Üppige Vielfalt

Der Sommer lockt nach draußen und bietet eine Fülle

von Beeren und knackigen Gemüsen.

Leicht und frisch passen sie perfekt in die warme Jahreszeit.

Sie lassen sich auch gut konservieren –

die Einmachzeit beginnt.

Üppige Vielfalt
Sommer

Salate werden in Zeitabständen gepflanzt, damit sie nacheinander erntereif werden.

Sommer findet draußen statt: Bunte Wiesen, wogende Getreidefelder und Sonne satt machen Lust auf Wandern, Picknick, Badespaß, auf Sommerfeste und Grillvergnügen.
Sommer ist auch die Zeit, in der die Landwirtschaft Hochbetrieb hat. Es ist die Zeit der Ernte, und da ist das Wetter für manche Überraschung gut. Am liebsten hätten es die Bauern, wenn es von Mai bis zum Sommeranfang gut regnet, damit Gras und Getreide ordentlich wachsen. Bei der Ernte soll dann die Sonne scheinen, damit das Getreide trocken eingefahren werden und das Gras schon nach dem Mähen antrocknen kann. Die Obsternte kommt in Gang, die Kirschen sind schon zu Beginn des Sommers an der Reihe. Die Imker schleudern im Sommer ihren Honig, und auch die Ziegenkäseproduktion ist auf ihrem Höhepunkt. Nicht zu vergessen: Viele Biohöfe veranstalten in den Juli- und Augustmonaten ihre regelmäßigen Sommerfeste.

Sommergemüse – überwältigendes Angebot
Das Gemüseangebot erreicht im Sommer auch bei uns fast mediterrane Vielfalt: Zarter Spitzkohl, frische grüne Bohnen, Markerbsen, direkt aus der Schote zu essen, im Freien gereifte Tomaten mit dem vollen Geschmack und Möhren, saftig und süß. Rote Bete werden im Bund mit Blättern angeboten und sind jetzt so zart, dass man sie roh im Salat essen kann. Die dicken, frisch geernten Zwiebel sind noch ganz mild, Mangold gibt´s jetzt auch mit roten Stielen. Wer im eigenen Garten Zucchini stehen hat muß aufpassen: Die Früchte wachsen so rasch, dass man kaum noch mit der Weiterverarbeitung nachkommt. Daher schnell noch Rezepte besorgen.

Beeren und Früchte
Sommerzeit ist Beerenzeit. Die letzten Erdbeeren sind besonders süß. Dazu kommen jetzt Himbeeren, Stachelbeeren und Johannisbeeren. Etwas später sind auch Brombeeren und Heidelbeeren reif, die sich prima mit Sauer- und Süßkirschen kombinieren lassen. Im August können dann die ersten Äpfel gepflückt werden: Kläräpfel oder Augustäpfel aus heimischen Obstgärten.

Den Sommer konservieren
Gemüse und Obst des Sommers haben eins gemeinsam: Man kann sie nicht lagern. Frisch geerntet sehen sie am besten aus und sind am vitaminreichsten. Sie schmecken am besten, wenn sie sofort gegessen werden. Um den Geschmack des Sommers in die kühlere Jahreszeit hinüberzuretten, gibt es viele Methoden der Konservierung: Gemüse kann man einlegen, einwecken und einige auch trocknen. Zusammen mit Früchten können sie auf vielfältigste Weise zu pikanten Relishes und Chutneys gekocht werden. Aus Obst werden nicht nur fruchtige Konfitüren und Gelees, sondern auch Kompotte, Säfte, Sirupe und Liköre, die später vielseitig einsetzbar sind.
Wollen sie sich selbstgemachte Vorräte anlegen, so erkundigen sie sich nach Feldern und Plantagen zum Selbstpflücken. Sie können dort selbst auswählen, was sie ernten wollen. Die Gemüse und Früchte sollten dann möglichst schnell verarbeitet werden. So entstehen wunderbare Vorräte. Außerdem haben sie immer ein ganz besonderes Geschenk für nette Menschen parat.

Typisch Sommer: Rote Bete im Bund, Zucchiniblüten und Kirschen.

SOMMER REZEPTE

Salatsaucen

Haselnuss-Schalotten-Vinaigrette
1 kleine Schalotte schälen und sehr fein würfeln. Salz und 2 EL Sherryessig verrühren, bis das Salz aufgelöst ist. 2 EL Haselnussöl und 2 EL Rapsöl unterschlagen, Schalotte dazugeben.

Orangenvinaigrette
1 unbehandelte Orange heiß abwaschen. 1/2 TL Schale abreiben, Saft auspressen. 1 kleine frische Chilischote waschen, längs aufschlitzen, entkernen und in feine Ringe schneiden. 2 EL Orangensaft, 2 EL Weißweinessig und Salz verrühren. 5 EL Distelöl unterschlagen, Orangenschale und Chiliringe dazugeben.

Estragonvinaigrette
1 kleine Knoblauchzehe schälen und hacken. 2–3 Stängel Estragon waschen, Blättchen grob hacken. 2 EL Zitronensaft, 1 TL Dijonsenf und Knoblauch mit Salz, Pfeffer und 1 Prise Zucker verrühren. 5 EL Sonnenblumenöl unterschlagen, Estragon dazugeben.

Meerrettich-Sahnesauce
100 g saure Sahne und 50 g Crème fraîche mit 2 EL frisch geriebenem Meerrettich schaumig rühren. Mit Salz, Pfeffer, 1 Prise Zucker und 1/2 TL Zitronensaft abschmecken.

Zitronenjoghurtsauce
1 unbehandelte Zitrone heiß abwaschen und abtrocknen. Schale fein abreiben, 1/2 Zitrone auspressen. Saft und Schale mit 1 TL flüssigem Honig und 1 TL Dijonsenf verrühren. Mit 150 g Joghurt mischen und mit Salz und Cayennepfeffer abschmecken.

Schnittlauchsahne
2 TL mittelscharfen Senf und 150 g saure Sahne verrühren. Mit Salz, Pfeffer, Zucker und 1–2 TL Weißweinessig abschmecken. 1 Bund Schnittlauch waschen, in Röllchen schneiden und unter die Sauce rühren.

Thousand-Island-Dressing
2 frische Eigelbe mit Salz, Pfeffer und 1 EL Zitronensaft verrühren. 150 ml Sonnenblumenöl in feinem Strahl dazugießen und weiterrühren, bis eine Mayonnaise entsteht. Mit 50 g Joghurt, 1 TL Paprikapulver edelsüß, 1 Msp. Chilipulver und 4 EL Tomatenketchup verrühren. 1/2 rote Paprikaschote waschen, putzen, fein würfeln und unterheben.

Rosa Sahnesauce
150 g Sahne mit 50 ml Rote-Beten-Saft, 2–3 EL flüssigem Honig, 3 EL Apfelessig, 4 EL Distelöl, Salz und weißem Pfeffer mit dem Pürierstab schaumig mixen. Salat nach Belieben mit Gänseblümchen bestreuen.

TIPP

Feine Ergänzung für frische Salate:

Nüsse und Samen
Haselnüsse, Pinienkerne, Sesamsaat, Kürbiskerne oder Mandelstifte in einer trockenen Pfanne rösten, bis sie leicht bräunen und anfangen zu duften.

Croûtons
Weißbrotwürfel in Butter braten. Nach Geschmack mit durchgepresstem Knoblauch oder Currypulver würzen.

Sprossen und Keimlinge
Alfalfasprossen, Sojabohnen- oder Linsenkeimlinge sind frische, mild schmeckende Ergänzungen. Schärfer schmecken Radieschen-Rettich- Senf- oder Kressekeimlinge. Die nussigen Sonnenblumenkerne keimen besonders schnell. Sie sind bereits nach 24-36 Stunden geniessbar.

Unendliche Variationsmöglichkeiten: Vinaigrettes, Saucen, Kräuter und die Vielfalt der knackigen sommerlichen Blattsalate.

Wenn die Bohnen nicht mehr ganz jung sind, Kerne nach dem Blanchieren aus den Hülsen lösen.

Die Bohnen mit Basilikumtomaten schmecken warm und auch kalt als Salat.

Dicke Bohnen mit Rucola

Zubereitungszeit: 25 Min
Pro Portion ca.: 340 kcal

Zutaten für 4 Personen:
2 kg junge dicke Bohnen in der Schote (Saubohnen)
2 Bund Rucola
200 g Schafkäse
1 Zitrone
1 TL flüssiger Honig
3 EL Sonnenblumenöl
Salz, Pfeffer

Bohnen aus den Schoten lösen und 3–5 Min. blanchieren, abgießen und abschrecken. Rucola waschen, trockenschleudern und in Streifen schneiden. Den Käse in Stücke brechen.

Zitrone auspressen, 2 EL Saft mit dem Honig, Öl, Salz und Pfeffer zu einer Sauce verrühren.

Bohnenkerne und Rucola mit der Sauce mischen. Den Käse darüber streuen.

Gebackene Honig-Möhren

Zubereitungszeit: 45 Min
Pro Portion ca.: 140 kcal

Zutaten für 4 Personen:
1 kg Möhren
1 unbehandelte Zitrone
2 Zweige Thymian
2 EL flüssiger Honig (Akazienhonig)
2 EL Distelöl
grobes Meersalz, weißer Pfeffer

Den Backofen auf 170° vorheizen. Möhren schälen, längs vierteln. Zitrone heiß abwaschen, abtrocknen. Schale abreiben, Saft auspressen. Thymian waschen, Blättchen abstreifen.

3 EL Zitronensaft, Zitronenschale, Honig, Distelöl und Thymianblättchen mischen.

Möhrenstifte in eine Auflaufform füllen, mit der Marinade beträufeln, mit grobem Meersalz und Pfeffer bestreuen und etwa 30 Min. im vorgeheizten Backofen (Mitte, Umluft 150°) backen. Zwischendurch ab und zu umrühren. Lauwarm servieren.

Bohnen mit Basilikumtomaten

Zubereitungszeit: 35 Min
Pro Portion ca.: 110 kcal

Zutaten für 4 Personen:
1 kg grüne Bohnen, Salz
500 g Tomaten
1 Zwiebel
1 Knoblauchzehe
Pfeffer, 2 TL Weißweinessig
2 Zweige Basilikum
1 EL kaltgepresstes Hanföl (ersatzweise anderes kaltgepresstes Öl)

Bohnen waschen, Stielansätze entfernen und in reichlich kochendem Salzwasser 18–20 Min. garen.

Inzwischen Tomaten waschen und fein würfeln. Zwiebel schälen, fein würfeln oder in Spalten schneiden und mit den Tomaten mischen. Knoblauch schälen und durch die Presse zu den Tomaten drücken. Alles mit Salz, Pfeffer und Essig würzen. Basilikum waschen, Blättchen in feine Streifen schneiden und mit Tomaten und Bohnen mischen. Mit dem Öl beträufeln.

SOMMER REZEPTE

Erbsensalat mit Minze

Zubereitungszeit: 30 Min.
Pro Portion ca.: 140 kcal

Zutaten für 4 Personen:
1 kg frische Erbsenschoten (ca. 400 g Erbsen)
Salz
4 Stängel Minze
1/2 Zitrone
3 EL Sonnenblumenöl
Pfeffer

Die Erbsen aus den Schoten lösen. In Salzwasser 4–6 Min. bissfest blanchieren, eiskalt abschrecken und abtropfen lassen.

Die Minze waschen, trockenschütteln, Blättchen abzupfen und fein schneiden. Die Zitronenhälfte auspressen. 3 EL Zitronensaft mit dem Öl verquirlen.

Die Erbsen und die Minze mit dem Zitronenöl mischen, mit weiterem Zitronensaft, Salz und Pfeffer abschmecken.

Fenchelsalat

Zubereitungszeit: 20 Min.
Pro Portion ca.: 75 kcal

Zutaten für 4 Personen:
2 Knollen Fenchel
2 Möhren
1 Zitrone
200 g Joghurt
Salz, Pfeffer

Die Fenchelknollen waschen, putzen, halbieren, den Strunk entfernen. Fenchel in feine Streifen schneiden. Die Möhren schälen und raspeln. Die Zitrone auspressen.

Fenchel und Möhren mit Zitronensaft und Joghurt mischen und mit Salz und Pfeffer abschmecken.

TIPP

Den Salat zusätzlich mit **Orangenfilets** zubereiten. Dazu 2 Orangen mit einem Messer wie einen Apfel schälen. Fruchtfleisch aus den Segmenten herauslösen und untermischen.

Zuckermais mit Knoblauchbutter

Zubereitungszeit: 35 Min.
Pro Portion ca.: 600 kcal

Zutaten für 4 Personen:
4 Knoblauchzehen
4 Stängel Petersilie
120 g weiche Butter
Salz, Pfeffer
4 Maiskolben
2 EL Öl

Für die Butter Knoblauch schälen und sehr fein hacken. Die Petersilie waschen, Blättchen ebenfalls fein hacken. Butter schaumig rühren und mit dem Knoblauch und der Petersilie mischen. Mit Salz und Pfeffer abschmecken und kalt stellen.

Die Maiskolben putzen, waschen und in Salzwasser in 15 Min. weich kochen.

Mais herausnehmen, mit Öl bepinseln, pfeffern und auf dem Gartengrill oder in der Pfanne von allen Seiten in 8–10 Min. goldbraun grillen oder braten. Die Knoblauchbutter dazu servieren.

55

SOMMER REZEPTE

Gebackenes Gemüse

Zubereitungszeit: 1 Std.
Bei 6 Personen pro Portion ca.: 300 kcal

Zutaten für 4–6 Personen:
2 gelbe oder rote Paprikaschoten
500 g Strauchtomaten
2 Zucchini
3 Möhren
1 große Gemüsezwiebel
3 Knoblauchzehen
1 Chilischote
je 3 Zweige Thymian und Rosmarin
grobes Meersalz
1 EL Zucker
100 ml Rapsöl

Den Backofen auf 220° vorheizen. Gemüse und Kräuter waschen. Paprikaschoten halbieren, putzen und in Streifen schneiden. Die Tomaten ohne die Stielansätze vierteln. Zucchini putzen, längs vierteln oder achteln und in mundgerechte Stücke schneiden. Die Möhren schälen und längs vierteln und ebenfalls in Stücke schneiden. Die Zwiebel schälen und grob würfeln. Die Knoblauchzehen schälen und halbieren. Chilischote längs halbieren, entkernen und in Streifen schneiden.

Gemüse und Kräuter in die Fettpfanne oder breite Form füllen, mit Meersalz und Zucker bestreuen und gut mischen. Das Öl darüber träufeln. Im vorgeheizten Backofen (Mitte, Umluft 200°) 30–40 Min. backen, dabei ab und zu umrühren, damit alle Gemüse mit Öl überzogen sind und nichts verbrennt. Passt zu gegrilltem Fleisch oder Fisch und schmeckt auch kalt sehr gut.

Varianten:
Die Gemüse können ganz nach Geschmack gemischt werden, es eignen sich auch alle anderen Sommergemüse wie z.B. Fenchel, Staudensellerie oder Auberginen. Zusammen mit zerbröckeltem Schafkäse ist das Gemüse ein leichtes Sommergericht.

Gemüse-Dips

Zubereitungszeit: 1 Std.
Pro Portion und Dip ca.: 100 kcal

Zutaten für 4 Personen:
Für den Kräuterdip:
1 kleine Kartoffel (ca. 60 g)
50–60 g gemischte Kräuter (z.B. Kerbel, Petersilie, Estragon, Borretsch, Sauerampfer, Fenchelgrün)
2 Frühlingszwiebeln
1 Knoblauchzehe
2 EL Weißweinessig
4 EL Rapsöl
Salz, Pfeffer

Für den Zitronendip:
4 EL Crème fraîche
100 g Joghurt
1 unbehandelte Zitrone
1 TL grobkörniger Senf
1/2 TL Zucker
Salz, Pfeffer

Für den Kräuterdip die Kartoffel in 15–20 Min. weich kochen. Inzwischen die Kräuter waschen, trockenschütteln oder schleudern, Blättchen fein hacken. Frühlingszwiebeln waschen, putzen und fein schneiden. Knoblauchzehe schälen.

Die Kartoffel pellen und durch die Kartoffelpresse in eine Schüssel pressen, die Knoblauchzehe durch die Knoblauchpresse dazudrücken. Mit Essig und Öl verrühren und mit Salz und Pfeffer würzen. Gehackte Kräuter und Frühlingszwiebeln untermischen.

Für den Zitronendip Crème fraîche und Joghurt glatt rühren. Zitrone heiß abwaschen, abtrocknen. Schale abreiben, Saft auspressen. Schale und 2 EL Saft mit dem Senf und dem Zucker unter die Joghurtcreme rühren. Mit Salz, Pfeffer und eventuell noch etwas Zitronensaft abschmecken.

Dips mit geputztem Gemüse als Vorspeise genießen: Paprikaschoten in Streifen schneiden. Möhren längs vierteln. Selleriestangen nach Belieben längs halbieren. Gurken schälen und in Stifte schneiden. Kerne vorher herausschaben.

Schwarz und nicht größer als Pfefferkörner sind die Rapssamen vor der Schälung(links).
Bei Thomas Steger von der Wonneburger Ölmühle in Worms sind es Walnüsse, aus denen Öl gepresst wird Mit frischem Weißbrot werden die verschiedenen Ölsorten verkostet.

In großen Betrieben wie der Teutoburger Ölmühle wird das Öl in einer automatischen Abfüllanlage in Flaschen gefüllt.

Öl
Am besten kaltgepresst

Öl hat in der Geschichte der Menschheit schon immer eine mythologische, ja heilige Rolle gespielt. Der »Gesalbte« stand unter göttlichem Schutz, und auch die aus der Bibel bekannte »Letzte Ölung« dokumentiert die Bedeutung, die man dem glänzenden Naturprodukt zumaß.

Als ob es unsere Vorfahren geahnt hätten: Die Hochschätzung entspricht den inneren Werten, die nüchterne Wissenschaft in pflanzlichen Nüssen, Samen und Kernen nachgewiesen hat: die »wasserscheuen« fettlöslichen Vitamine A, D, E und K sowie hochwirksame, mehrfach ungesättigte Fettsäuren, die den LDL-Cholesterinspiegel senken.

Wertvoller Inhalt

Da die meisten der wertvollen Inhalts- und Aromastoffe temperaturempfindlich sind, ist Kaltpressung die einzige Methode, sie im Öl zu erhalten. Moderne Ölmühlen kühlen sogar zusätzlich ihre Aggregate, denn der Pressdruck lässt die Temperaturen steigen. Kaltgepresste Öle werden nach der Pressung nicht raffiniert. Die meisten dieser Öle sollen auch kalt genutzt werden, etwa als Vinaigrette, Mayonnaise oder zum Einlegen von Gemüse, Fisch oder Fleisch. Dabei kommen die verschiedenen Geschmacksrichtungen am besten zur Geltung. Während Leinöl, Walnussöl und das selten angebotene Bucheckernöl zu den kräftigen, aromatischen Sorten zählen, sind Distelöl, Maiskeimöl und Sonnenblumenöl milder im Geschmack. Diese Öle können auch höher erhitzt werden. Alle kaltgepresste Öle sind nicht lange haltbar.

Super plus für die Küche: Rapskernöl

Eine Blitzkarriere legte Rapskernöl in den letzten Jahren hin. Immer mehr dieser schwarzen, pfefferkorngroßen Samen von den leuchtend gelben Feldern wandern in die Schneckenpressen von Ölmühlen, die hochwertiges Speiseöl statt Biodiesel herstellen. Der Clou dabei: In einem neuartigen Verfahren, entwickelt von Spezialisten der Teutoburger Ölmühle in Ibbenbüren, werden aus den kleinen Rapssamen die Kerne herausgeschält und zu Bio-Rapskernöl verarbeitet. So bleiben die wertvollen Bestandteile enthalten, während die Bitterstoffe aus den Hüllen draußen bleiben. Das mild-nussige Superöl hat natürlich seinen Preis. Doch dafür schmeckt das hochwertige Öl auch unvergleichlich gut und liefert noch dazu die Vitamine E, K und das Provitamin A.

SOMMER REZEPTE

Hier wächst das flüssige Gold: Rapsfeld in der Oberpfalz nahe Schwäbisch Hall.

Handarbeit in der Ölmühle: Jede Flasche wird sorgsam etikettiert.

Schnittlauchöl
200 ml Rapsöl erwärmen, 20 g Schnittlauchröllchen unterrühren und abkühlen lassen. Dann im Mixer pürieren und mit 1 TL Zitronensaft würzen. Das Öl passt zu Frischkäse, Gurken und zu Sommersalaten. Lässt sich auch gut mit Petersilie, Borretsch oder Basilikum herstellen. Für 200 ml Öl braucht man etwa 3 EL grob geschnittene Kräuter.

Kräuterpaste
100 g Kräuter wie Kerbel, Bärlauch oder Basilikum waschen, trockentupfen und grob hacken. Mit 7 g Salz und 100 ml Pflanzenöl im Mixer pürieren. In kleine, möglichst dunkle Gläser füllen und gut verschließen. Lichtgeschützt und kühl aufbewahrt hält sich Kräuterpaste mehrere Monate. Sie ist vielseitig einsetzbar: als Brotaufstrich, für Salatsaucen, zum Aromatisieren von Suppen und Salatsaucen, Quark und Frischkäse.

Würzöl
500 ml Pflanzenöl mit 3–4 in Stifte geschnittenen Knoblauchzehen, 2–3 getrockneten, grob zerstoßenen Chilischoten oder etwas dünn abgeschälter Zitronenschale erwärmen und in Flaschen füllen. An einem kühlen, dunklen Platz mindestens 1 Woche ziehen lassen.

Mayonnaise
2 ganz frische Eigelbe mit 2 TL grobkörnigem Senf und etwas Salz verrühren. 150-200 ml Pflanzenöl in feinem Strahl dazugießen und mit dem Handrührgerät oder dem Schneebesen unterrühren, bis eine Mayonnaise entsteht. Statt mit Senf kann die Mayonnaise auch mit durchgepresstem Knoblauch, Zitronensaft und -schale, Curry oder Kräutern verfeinert werden. Leichter wird sie, wenn zum Schluss Joghurt untergerührt wird.

Das Kräuteröl hält sich im Kühlschrank gut verschlossen etwa 1 Woche. Kräuterpaste und Würzöl können Sie noch länger aufheben. Mayonnaise sollten Sie sofort genießen.

Gefüllte Zucchiniblüten

Zubereitungszeit: 45 Min.
Pro Portion ca.: 240 kcal

Zutaten für 4 Personen:
12 Zucchiniblüten (möglichst mit kleinen Zucchini)
30 g Kerbel, 50 g Allgäuer Emmentaler
200 g Ziegenfrischkäse
1 Eigelb, Salz, Pfeffer
Butter für die Form

Zucchiniblüten vorsichtig öffnen, Blütenstempel herausschneiden. Kleine Zucchini von unten längs einschneiden. Kerbel verlesen, fein hacken. Käse reiben. Backofen auf 200° vorheizen.

Frischkäse mit Emmentaler, Eigelb und Kerbel vermischen, salzen und pfeffern. Blüten damit füllen, zum Verschließen oben leicht zusammendrehen. Eine Auflaufform mit Butter ausstreichen, gefüllte Blüten hineinlegen, Form mit Folie verschließen. Blüten im Backofen (Mitte, Umluft 180°) 15–20 Min. garen.

Gegrillte Zucchini

Zubereitungszeit: 30 Min.
Pro Portion ca.: 165 kcal

Zutaten für 4 Personen:
3 Zucchini (500 g), 40 g Walnusskerne
1/2 Bund Petersilie
1/2–1 kleine Chilischote
2 EL Zitronensaft
2 EL Sonnenblumenöl, 1 EL Walnussöl
1/2 TL Zucker, Salz
Öl für das Blech

Zucchini waschen, putzen und längs in dünne Scheiben hobeln. Backofengrill auf der höchsten Stufe vorheizen. Backblech leicht fetten. Zucchini darauf verteilen und im Backofen 5–10 Min. unter Aufsicht grillen. Zucchini wenden, wenn sie weich, aber noch nicht braun sind. Walnüsse mit aufs Blech streuen und grillen, bis die Zucchini hellbraune Flecken bekommen, dann beides aus dem Ofen nehmen.

Petersilie waschen und grob hacken. Chilischote waschen, aufschlitzen, entkernen und in feine Streifen schneiden. Zitronensaft, Öl, Zucker, Chili und Salz verrühren und mit Zucchini, Walnüssen und Petersilie mischen.

Zucchinimuffins

Zubereitungszeit: 35 Min
Backzeit: 35 Min.
Pro Muffin ca.: 125 kcal

Zutaten für 1 Muffinblech mit 12 Förmchen:
50 g Sonnenblumenkerne
3 Zucchini (500 g)
2 Zwiebeln
80 g Bergkäse
1 Bund Petersilie, 1 Zweig Minze
1 1/2 EL Butter, Salz
3 Eier, 100 g Sahne
3 EL feiner Weizengrieß, Pfeffer
Fett für die Förmchen

Sonnenblumenkerne in einer trockenen Pfanne rösten, dann beiseite stellen. Zucchini waschen, putzen und in feine Streifen hobeln. Zwiebeln schälen, fein würfeln. Käse reiben. Petersilie und Minze waschen, Blätter fein hacken. Backofen auf 180° vorheizen.

Butter in der Pfanne erhitzen, Zwiebeln und Zucchini darin 3 Min. dünsten, leicht salzen. Eier und Sahne in einer Schüssel mit Weizengrieß, geriebenem Käse, Sonnenblumenkernen und Kräutern verrühren. Zucchini und Zwiebeln dazugeben und gut mischen. Mit Salz und Pfeffer würzen.

Muffinförmchen fetten. Masse einfüllen und im vorgeheizten Backofen (Mitte, Umluft 160°) 30–35 Min. backen. Blech herausnehmen, Muffins kurz ruhen lassen, dann aus den Förmchen lösen.

Gegrillte Zucchini als Vorspeise in einem Sommermenü servieren. Sie passen auch gut auf ein Büffet oder zu einem Picknick.

Würztomaten passen wie ein Chutney zu gegrilltem Fleisch oder Fisch.

Die Tomaten schmecken gut zu jungem Käse oder mit Blattsalaten.

Würztomaten

Zubereitungszeit: 20 Min.
Marinierzeit: 20 Min.
Pro Portion ca.: 25 kcal

Zutaten für 4 Personen:
250 g rote Zwiebeln
6 El Malzessig
500 g Tomaten
Meersalz
Pfeffer

Die Zwiebeln schälen, fein würfeln und mit dem Essig 20 Min. marinieren.

Inzwischen die Tomaten waschen und ohne die Stielansätze in kleine Würfel schneiden. Die Tomaten mit den Zwiebeln mischen und mit Salz und Pfeffer abschmecken.

Tomatengratin

Zubereitungszeit: 20 Min.
Backzeit: 15 Min.
Pro Portion ca.: 280 kcal

Zutaten für 4 Personen:
800 g Tomaten
300 g frischer Weichkäse oder Blauschimmelkäse
Salz, Pfeffer
1 Bund Bohnenkraut
Öl für die Form

Den Backofen auf 220° (Umluft 200°) vorheizen. Die Tomaten waschen und ohne die Stielansätze in Scheiben schneiden. Käse in Scheibchen oder Stücke schneiden.

Eine Fettpfanne oder große Gratinform mit Öl einpinseln. Käse und Tomaten abwechselnd einschichten. Mit Salz und Pfeffer würzen und in 15 Min. im Backofen goldbraun backen.

Inzwischen das Bohnenkraut waschen, trockenschütteln und die Blättchen auf dem fertigen Gratin verteilen. Dazu passt Bauernbrot.

Getrocknete Tomaten

Zubereitungszeit: 10 Min.
Trockenzeit: 1–2 Std
Bei 6 Personen pro Portion ca.: 65 kcal

Zutaten für 4–6 Personen:
1 kg Eiertomaten
grobes Meersalz, Pfeffer
1 EL Zucker
2 TL getrockneter Thymian
2–3 EL Sonnenblumenöl
Backpapier für zwei Bleche

Zwei Backbleche mit Papier auslegen. Backofen auf 120° vorheizen. Tomaten waschen, abtrocknen, in 1 cm dicke Scheiben schneiden und auf den Blechen verteilen. Tomaten mit Salz, Pfeffer, Zucker und Thymian würzen.

Tomaten im Backofen (Mitte, Umluft 100°) 1–2 Std. trocknen lassen. Ofentür einen Spalt offen lassen. Bei Umluft beide Bleche gleichzeitig in den Ofen schieben. Tomaten herausnehmen und mit Öl beträufeln. Lauwarm mit Weißbrot servieren. Halten sich zugedeckt im Kühlschrank einige Tage.

SOMMER REZEPTE

Paprikasuppe

Zubereitungszeit: 40 Min.
Pro Portion ca.: 165 kcal

Zutaten für 4 Personen:
1 Zwiebel
je 250 g rote und gelbe Paprikaschoten
2 EL Butter
600 ml Gemüsebrühe
Salz, Pfeffer, Cayennepfeffer
4 EL Crème fraîche

Zwiebel schälen und würfeln. Rote und gelbe Paprikaschoten jeweils waschen, entkernen und klein schneiden.

Für die rote Suppe die Hälfte der Zwiebel in 1 EL Butter glasig dünsten, rote Paprikastücke kurz mitdünsten, mit 300 ml Gemüsebrühe auffüllen und in 10 Min. weich kochen. Die Suppe pürieren, mit Salz, Pfeffer und Cayennepfeffer abschmecken und mit 2 EL Crème fraîche verfeinern.

Die gelbe Suppe in einem zweiten Topf mit den restlichen Zutaten ebenso zubereiten, jedoch nicht mit Cayennepfeffer würzen. Zum Anrichten erst die rote Suppe in den Teller schöpfen, dann die gelbe dazugeben oder umgekehrt.

Paprika-Zucchini

Zubereitungszeit: 40 Min.
Pro Portion ca.: 140 kcal

Zutaten für 4 Personen:
2 rote Paprikaschoten
2 Zucchini, Salz, 5 EL Öl
1 Knoblauchzehe, 1 Bund Petersilie
2 EL Weißweinessig, Pfeffer

Backofen auf 250° (Umluft 230°) oder Backofengrill vorheizen. Paprika waschen, vierteln, putzen. Mit der Haut nach oben auf ein Backblech legen. Zucchini waschen, putzen, längs halbieren und salzen. Auf das Blech legen und mit 1 EL Öl beträufeln. Im vorgeheizten Ofen (oben) 15–18 Min. grillen, bis die Haut der Paprika schwarz wird und Blasen wirft und die Zucchini leicht gebräunt sind. Inzwischen Knoblauch schälen und hacken, Petersilie waschen, Blättchen grob hacken. Beides mit Essig, Salz, Pfeffer und restlichem Öl verrühren.

Blech aus dem Ofen nehmen. Zucchini in Scheiben schneiden und mit der Marinade mischen. Paprika mit einem nassen Tuch bedeckt abkühlen lassen, häuten, in Stücke schneiden und mit den Zucchini mischen.

Gebratene Spitzpaprika

Zubereitungszeit: 30 Min
Pro Portion ca.: 210 kcal

Zutaten für 4 Personen:
500 g grüne Spitzpaprika
3 EL Distelöl
grobes Meersalz
100 ml Weißwein
200 g Schafkäse
1 EL frisch gehackter Majoran oder Oregano (ersatzweise 1/2 TL getrockneter)
Pfeffer

Paprika waschen, aufschlitzen, Kerne entfernen. Öl in einer Pfanne erhitzen, Paprika darin anbraten, 1 TL Salz darüber streuen, Weißwein dazugießen. Weiterbraten, bis der Wein eingekocht ist und die Paprika gar, aber noch bissfest sind.

Schafkäse würfeln, 2–3 Min. mit den Paprika mitbraten. Alles mit Kräutern bestreuen, pfeffern und lauwarm mit Weißbrot servieren.

63

SOMMER REZEPTE

Kalte Gurkensuppe

Zubereitungszeit: 35 Min.
Pro Portion ca.: 200 kcal

Zutaten für 4 Personen:
1 große Salatgurke (ca. 500 g)
1 kleine rote Chilischote
1 Bund Petersilie
3 EL Leinöl (ersatzweise anderes kaltgepresstes Öl)
2–3 EL Zitronensaft
500 g Kefir
Salz
50 g luftgetrockneter Schinken oder Bündner Fleisch in sehr dünnen Scheiben
3 Zweige Dill

Die Gurke schälen, längs halbieren, mit einem Löffel entkernen und in Stücke schneiden. Chilischote waschen, längs halbieren, entkernen und hacken. Gurke und Chili im Mixer pürieren.

Petersilie waschen, Blättchen abzupfen und mit dem Öl und 2 EL Zitronensaft zum Gurkenpüree geben. Noch einmal mixen, bis die Masse cremig wird.

Gurkenpüree in einer Schüssel mit dem Kefir mischen, mit Salz und Zitronensaft abschmecken und auf vier Teller verteilen. Schinken in sehr feine Streifen schneiden, Dill waschen, Blättchen abzupfen.

In jede Suppe ein Häufchen Schinkenstreifen geben. Dill darüber streuen.

Kressegurken

Zubereitungszeit: 35 Min.
Pro Portion ca.: 130 kcal

Zutaten für 4 Personen:
50 g Brunnenkresse (ersatzweise 1 Kästchen Kresse)
2 Salatgurken

Für die Zitronenmayonnaise:
1 Zitrone
Salz
1 frisches Eigelb
1/2 TL Senf
Pfeffer
Zucker
3 EL Sonnenblumenöl
3 EL Joghurt

Brunnenkresse waschen, verlesen und trockenschleudern. Die Gurken schälen, längs halbieren, mit einem Löffel entkernen und in 1 cm dicke Scheiben schneiden. Die Zitrone auspressen. Wasser aufkochen, salzen und die Hälfte des Zitronensafts dazugeben. Die Gurkenscheiben darin 1–2 Min. blanchieren. Sofort herausnehmen und kalt abschrecken.

Für die Zitronenmayonnaise das Eigelb mit Senf, Salz, Pfeffer und 1 Prise Zucker verrühren. Weiterrühren und dabei nach und nach das Öl dazugeben, bis eine Mayonnaise entsteht. Mayonnaise mit dem Joghurt verrühren und mit Zitronensaft abschmecken. Gurkenscheiben untermischen und in der Zitronenmayonnaise etwas ziehen lassen. Mit Brunnenkresse bestreut servieren.

Die Kressegurken in Zitronenmayonnaise lassen sich gut vorbereiten und eignen sich wunderbar für ein Sommerbuffet. Dazu passen Vollkornbrote, dick bestrichen mit Gurken-Frischkäse (Seite 38).

SOMMER REZEPTE

Mangold mit Käse

Zubereitungszeit: 30 Min.
Pro Portion ca.: 280 kcal

Zutaten für 4 Personen:
2 Stauden Mangold (à ca. 500 g)
Salz
200 g Doppelrahm-Frischkäse oder selbst gemachter Frischkäse (Seite 38)
100 g Kirschtomaten
3 EL Sonnenblumenöl
1–2 EL Zitronensaft
1 TL flüssiger Honig
Pfeffer

Mangold waschen, putzen, die Blattstiele herausschneiden (für ein anderes Gericht verwenden). In einem großen Topf reichlich Wasser erhitzen, salzen und die Mangoldblätter darin 2 Min. blanchieren. Abgießen und die Blätter auf dem Blech oder in einer großen flachen Form auslegen. Den Backofen auf 160° vorheizen.

Frischkäse in Nocken auf die Mangoldblätter setzen, Kirschtomaten waschen, halbieren und darüber streuen, Mangold mit 1 EL Öl beträufeln. Im vorgeheizten Backofen (Mitte, Umluft 150°) 10–12 Min. erhitzen, bis der Käse zu schmelzen beginnt. Dann sofort herausnehmen.

Inzwischen Zitronensaft mit Honig glatt rühren, dann mit dem restlichen Öl mischen. Käse damit beträufeln. Mangold und Käse mit Pfeffer und Salz würzen.

Mangoldstiele mit Kurkumacreme

Zubereitungszeit: 30 Min.
Pro Portion ca.: 230 kcal

Zutaten für 4 Personen:
600 g Mangoldstiele, Salz
1 EL heller Essig, 1 frisches Ei
2 EL Zitronensaft
Pfeffer, 1 TL Kurkumapulver
2 Knoblauchzehen
150 ml Rapsöl, 1/2 Bund Koriandergrün

Mangoldstiele waschen, putzen, längs in Streifen schneiden. In kochendem Salzwasser mit dem Essig in 3–5 Min. bissfest kochen.

Das Ei mit Zitronensaft, Salz, Pfeffer und Kurkumapulver verrühren. Knoblauch schälen, durch die Presse drücken und unterrühren. Nach und nach das Öl dazurühren, bis eine weiche Mayonnaise entsteht. Koriander waschen, Blättchen hacken und unterrühren. Mangoldstreifen abtropfen lassen und mit der Kurkumacreme anrichten.

Mangoldstiele kalt oder warm zu Kurkumacreme servieren.

Brokkoli mit Mandelbutter

Zubereitungszeit: 15 Min.
Pro Portion ca.: 170 kcal

Zutaten für 4 Personen:
800 g Brokkoli, Salz
4 EL Butter, 4 EL Mandelblättchen
Pfeffer

Den Brokkoli waschen und in Röschen teilen. Salzwasser aufkochen. Butter zerlassen. Mandelblättchen darin goldbraun rösten.

Die Brokkoliröschen im kochenden Salzwasser in 4–6 Min. bissfest kochen, herausnehmen und in der Mandelbutter schwenken, nach Belieben pfeffern und sofort servieren.

Spinat mit Joghurt auch mal als Salat servieren: Joghurt nur mit Milch, Zitronensaft, Salz und Pfeffer anrühren, abgekühlten Spinat untermischen.

Mit Tomatensauce
schmecken die gefüllten Paprikaschoten ebenfalls gut. Dafür 1 klein geschnittene Zwiebel in 1 EL Öl glasig dünsten, 800 g passierte Tomaten (aus der Packung) dazugeben und mit 2 Lorbeerblättern, 3 Thymianzweigen, Salz und Pfeffer würzen. Die Sauce 5 Min. kochen lassen, dann statt Gemüsebrühe zu den gefüllten Paprikaschoten gießen. Schoten wie im Rezept rechts beschrieben im vorgeheizten Backofen garen.

SOMMER REZEPTE

Gefüllte Paprikaschoten

Zubereitungszeit: 40 Min.
Backzeit: 45 Min.
Pro Portion ca.: 515 kcal

Zutaten für 4 Personen:
6 Paprikaschoten, 3 Tomaten
200 g Champignons
1 Zwiebel
1 Bund Petersilie
200 g Hartkäse
1 EL Öl, 200 g kernige Haferflocken
400 ml Gemüsebrühe, 2 Eier
Salz, Pfeffer

Paprikaschoten und Tomaten waschen. Für die Füllung
2 Paprikaschoten halbieren, putzen und fein würfeln.
Tomaten ohne die Stielansätze fein würfeln. Die Champignons abreiben. Die Zwiebel schälen, beides ebenfalls in
Würfelchen schneiden. Petersilie waschen, trockenschütteln, Blättchen fein hacken. Käse reiben. Den Backofen auf
180° vorheizen.

Zwiebel im Öl glasig dünsten, Paprika und Champignons
dazugeben und 5 Min. mitdünsten, dann die Tomaten
unterrühren und alles 5 Min. weiterdünsten. Vom Herd
nehmen und mit den Haferflocken, 200 ml Gemüsebrühe
und Petersilie vermischen. Zur Seite stellen und mindestens 10 Min. abkühlen lassen.

Inzwischen bei den restlichen Paprikaschoten jeweils
einen Deckel abschneiden oder Schoten exakt halbieren.
In jedem Fall Kerne herausklopfen oder -zupfen.

Abgekühlte Gemüsemischung mit dem Käse und den
Eiern vermengen. Füllung mit Salz und Pfeffer abschmecken und in die Schotenhälften oder ganzen
Paprikaschoten füllen.

Schoten in eine Auflaufform setzen, restliche Gemüsebrühe angießen und Paprika 45 Min. im Backofen (Mitte,
Umluft 160°) backen.

Spinat mit Joghurt

Zubereitungszeit: 35 Min.
Backzeit: 30–40 Min.
Pro Portion ca.: 160 kcal

Zutaten für 4 Personen:
800 g Blatt- oder Wurzelspinat
1 Zwiebel
1 EL Butter
Salz, Pfeffer
1 EL Paprikapulver edelsüß
2 EL Zitronensaft
2 Eier
300 g Joghurt
1/8 l Milch

Blattspinat verlesen und waschen. Vom Wurzelspinat die
harten Stiele und Wurzeln entfernen. Blätter gründlich
waschen. Die Zwiebel schälen und fein würfeln.

Den Backofen auf 180° vorheizen. Die Zwiebeln in der
Butter glasig dünsten, den Spinat dazugeben und
8–10 Min. mitdünsten, bis er zusammengefallen ist. Mit
Salz, Pfeffer und dem Paprikapulver abschmecken. Den
Spinat in eine Auflaufform füllen.

Zitronensaft mit den Eiern, dem Joghurt und der Milch
verquirlen, mit Salz und Pfeffer würzen, über den Spinat
gießen und im Backofen (Mitte, Umluft 160°) 30–40 Min.
backen, bis der Joghurt fest ist. Den Spinat warm oder
lauwarm servieren.

Tomatensuppe mit Fisch

Zubereitungszeit: 1 Std.
Pro Portion ca.: 430 kcal

Zutaten für 4 Personen:
Für die Suppe:
1 Zwiebel, 250 g Kartoffeln
750 g Fleischtomaten
1 Bund Petersilie, 4 Knoblauchzehen
4 EL Sonnenblumenöl, 4 Lorbeerblätter
3 Döschen Safranfäden
750 g festfleischiges Fischfilet (z.B. Rotbarsch, Seeteufel, Viktoriabarsch)
Salz, Pfeffer
8 dünne Scheiben Weißbrot

Für die Knoblauchsauce:
2 Knoblauchzehen
1 getrocknete Chilischote
10 Basilikumblätter, 2 EL Crème fraîche
2 TL Zitronensaft, Salz, Pfeffer

Zwiebel schälen und klein schneiden. Kartoffeln schälen und sehr fein hobeln. Tomaten überbrühen, häuten, vierteln, entkernen und klein schneiden. Petersilie waschen, Blättchen hacken. Knoblauch schälen und hacken.

Zwiebel im Öl glasig braten. Kartoffelscheiben kurz mitbraten. Tomaten, Petersilie, Lorbeer, Safran und Knoblauch dazugeben und alles 5 Min. leise kochen lassen.

1 l Wasser erhitzen, dazugießen und die Suppe 10 Min. kochen lassen. Die Fischfilets in mundgerechte Stücke schneiden. Hitze reduzieren und den Fisch in der Suppe bei schwacher Hitze 10–15 Min. gar ziehen lassen.

Für die Sauce Knoblauch schälen und fein hacken. Chilischote fein zerstoßen. Basilikum waschen, in feine Streifen schneiden. Alles mit Crème fraîche und Zitronensaft mischen und mit Salz und Pfeffer abschmecken.

Brotscheiben toasten, auf Suppenteller verteilen. Suppe darauf schöpfen. Je 1 EL Knoblauchsauce in die Mitte setzen.

Spitzkohl mit Lachssahne

Zubereitungszeit: 45 Min.
Pro Portion ca.: 285 kcal

Zutaten für 4 Personen:
1 Spitzkohl (ca. 800 g)
Salz, 1 Zwiebel
1 Knoblauchzehe
1 EL Butter, 200 g Sahne
Muskat, Pfeffer
100 g Räucherlachs
1 Bund Dill

Die äußeren Blätter des Spitzkohls entfernen. Den Kohl vierteln und in Streifen schneiden. Kohl in reichlich kochendem Salzwasser 2–4 Min. blanchieren. Abgießen, kalt abschrecken und gut abtropfen lassen.

Zwiebel und Knoblauch schälen und fein würfeln. Butter im Topf erhitzen, Zwiebel und Knoblauch darin andünsten, Kohl unter Rühren mitdünsten. Sahne dazugießen und einkochen lassen. Kohl mit Muskat und Pfeffer würzen.

Räucherlachs in Streifen schneiden. Dill waschen und fein schneiden, beides unter den Kohl mischen. Dazu passen in Butter gebratene Fischfilets (z.B. Saibling oder Zander) oder Kartoffeln vom Blech (Seite 106).

Statt mit Spitzkohl kann das Gericht auch mit jungem Weißkohl oder Wirsing zubereitet werden.

Bunte Nudelmischung:

Für grüne Spinatnudeln 50 g Blattspinat waschen und in Salzwasser 3 Min. blanchieren, dann eiskalt abschrecken, gut ausdrücken und pürieren. Nudelteig nach dem Grundrezept herstellen, Spinat statt Wasser unterkneten. Für gelbe Safrannudeln 1 Döschen Safranpulver, für Mohnnudeln 1 EL gemahlenen Mohn unterkneten.

Nudelteig Grundrezept

Zubereitungszeit 45 Min.
Ruhezeit: 1 Std.
Pro Portion ca.: 400 kcal

Zutaten für 4 Personen:
250 g Mehl
75 g Hartweizengrieß
3 Eier
3 EL Öl
Salz
Mehl für die Arbeitsfläche

Das Mehl in eine Schüssel sieben und mit Grieß, Eiern, Öl, 1 Prise Salz und 2–4 EL lauwarmem Wasser zu einem mittelfesten Teig verkneten. Der Teig darf nicht an den Fingern kleben. Bei Bedarf noch etwas Mehl unterkneten. Teig in Frischhaltefolie packen und 1 Std. ruhen lassen.

Die Arbeitsfläche mit Mehl bestäuben, den Teig in zwei Teile teilen und diese mit dem Nudelholz dünn ausrollen. Teigplatte 10 Min. antrocknen lassen.

Für Bandnudeln die Teigplatte zusammenrollen und in Streifen schneiden. Nudeln in sprudelnd kochendem Salzwasser in 3 Min. bissfest kochen und durch ein Sieb abgießen.

Spätzle

Zubereitungszeit: 45 Min.
Pro Portion ca.: 565 kcal

Zutaten für 4 Personen:
500 g Weizenmehl (Type 405)
5 Eier
Salz
Muskat
2 EL Butter

Das Mehl in eine Schüssel sieben und mit den Eiern und je 1 Prise Salz und Muskat mischen. Der Teig soll zähflüssig sein, bei Bedarf 100–200 ml Wasser dazugeben. Alles mit einem Holzlöffel 5 Min. lang schlagen, bis der Teig Blasen wirft.

SOMMER REZEPTE

Maultaschen mit Zwiebeln

Zubereitungszeit: insgesamt
1 Std. 30 Min.
Ruhezeit: 1 Std.
Pro Portion ca.: 740 kcal

Zutaten für 4 Personen:
1 Grundrezept Nudelteig
2 altbackene Brötchen
100 g Blattspinat
3 Zwiebeln, 3 EL Butter
250 g gemischtes Hackfleisch
2 Eier
Salz, Pfeffer, Muskat

Nudelteig nach dem Grundrezept zubereiten und ruhen lassen. Die altbackenen Brötchen in Wasser einweichen. Den Spinat verlesen, waschen, in kochendem Wasser 3 Min. blanchieren, eiskalt abschrecken und fein hacken. Die Zwiebeln schälen, fein würfeln, in der Butter goldbraun braten und aus der Pfanne nehmen. Die Brötchen ausdrücken und mit dem Spinat, einem Drittel der Zwiebeln, dem Hackfleisch und 1 Ei mischen. Fleischteig mit Salz, Pfeffer und Muskat würzen.

Das restliche Ei verquirlen. Den Teig zu 2 dünnen Teigplatten ausrollen. Eine Teigplatte im Abstand von 6–7 cm mit je 1 EL Füllung belegen. Die Zwischenräume mit verquirltem Ei bestreichen, die andere Teigplatte darüber legen und zwischen den Füllungen jeweils gut zusammendrücken. Mit einem Teigrädchen Quadrate ausrädeln. Reichlich Salzwasser aufkochen. Maultaschen im siedenden Wasser 5 Min. kochen lassen, Hitze reduzieren und 10 Min. ziehen lassen.

Die Zwiebeln kurz erwärmen, Maultaschen anrichten und die Zwiebeln darüber geben. Dazu passt Salat.

Inzwischen reichlich Salzwasser aufkochen und die Spätzle portionsweise mit einem Spätzlehobel ins kochende Wasser hobeln. Wenn sie an der Oberfläche schwimmen, Spätzle mit einem Schaumlöffel herausnehmen und eiskalt abschrecken. Zum Servieren Spätzle in einer Pfanne mit Butter erwärmen.

TIPP

Eine Nudelmaschine hilft beim Kneten, Ausrollen und Schneiden des Teigs. Sie lohnt sich für alle, die oft selbst gemachte Nudeln genießen möchten.

SOMMER REZEPTE

Vollkornspaghetti mit Mangold

Zubereitungszeit: 45 Min.
Pro Portion ca.: 505 kcal

Zutaten für 4 Personen:
200 g Shiitakepilze
1 Staude Mangold (ca. 500 g)
1 EL Butter
2 TL mildes Currypulver
200 g Sahne, Salz, Pfeffer
200 g Vollkornspaghetti

Pilze trocken mit einem Küchentuch abreiben, Stiele abschneiden, Hüte halbieren oder vierteln. Mangold waschen, weiße Stiele herausschneiden und für ein anderes Gericht verwenden, Blätter nach Belieben in Quadrate oder Streifen schneiden.

Pilze in der Butter anbraten. Curry darüber stäuben und mit anbraten. Mangoldblätter unterrühren, Sahne dazugießen und alles salzen und pfeffern. Bei mittlerer Hitze 8–10 Min. schmoren.

Inzwischen Wasser in einem Topf aufkochen, Wasser salzen. Die Nudeln darin nach Packungsanleitung bissfest kochen. Nudeln abgießen und gut abtropfen lassen, mit dem Gemüse mischen und mit Salz und Pfeffer abschmecken.

TIPP

Die Mangold-Pilz-Mischung schmeckt auch mit Buchweizen-Bandnudeln ausgezeichnet. Beim Kochen der Nudeln aufpassen, sie werden schnell zu weich. Ein Rezept für die nicht verwendeten Mangoldstiele finden Sie auf Seite 67.

Nudelauflauf mit Fisch und Gemüse

Zubereitungszeit: 35 Min.
Backzeit: 40 Min.
Pro Portion ca.: 510 kcal

Zutaten für 6 Personen:
250 g Kohlrabi, 250 g Bundmöhren
250 g Lauch, 3 EL Butter
50 ml kräftige Gemüsebrühe
Salz, weißer Pfeffer
200 g grüne Bandnudeln
1 Bund gemischte Kräuter
150 g Schmand (ersatzweise saure Sahne), 100 g Sahne
6 EL trockener Wermut
1–2 EL Zitronensaft
500 g Lachsfilet
75 g mittelalter Gouda

Kohlrabi schälen, halbieren und in dünne Scheiben hobeln. Möhren schälen, schräg in Scheiben hobeln. Lauch waschen, putzen und in Ringe schneiden. 1 EL Butter in einem Topf erhitzen. Gemüse darin anbraten, dann 8–10 Min. mit der Gemüsebrühe dünsten, salzen und pfeffern. Gleichzeitig Nudeln in reichlich Salzwasser nicht zu weich kochen, dann abgießen und mit kaltem Wasser abschrecken.

Kräuter waschen, Blättchen grob hacken und mit den Nudeln und dem vorgegarten Gemüse mischen. Schmand, Sahne und Wermut verrühren, mit Salz, Pfeffer und Zitronensaft abschmecken.

Backofen auf 175° vorheizen. Lachsfilet schräg in 2 cm dicke Scheiben schneiden und salzen. Käse reiben. Eine große Auflaufform mit etwas Butter fetten, zwei Drittel der Nudelmischung und des Käses einfüllen. Mit Fisch belegen, alles salzen und pfeffern und mit restlicher Nudelmischung bedecken. Sahnemischung und Käse darüber geben. Auflauf mit Butterflöckchen belegen. Im vorgeheizten Backofen (Mitte, Umluft 160°) in 35–40 Min. goldbraun backen.

Alle Kräuter des Sommers passen zum Nudel-Gemüse-Auflauf: Kerbel, Dill und Petersilie großzügig verwenden, Liebstöckel oder Bohnenkraut sparsamer dosieren.

Clafoutis

Zubereitungszeit: 30 Min.
Backzeit: 35 Min.
Bei 6 Personen pro Portion ca.: 260 kcal

Zutaten für 4–6 Personen:
800 g Kirschen
Schale von 1/2 unbehandelten Zitrone
3 Eier
100 g Zucker
1/2 TL Zimtpulver
120 g Mehl
1 TL Backpulver
150 ml Milch
2 EL Puderzucker
Öl und Semmelbrösel für die Form

Den Backofen auf 180° vorheizen. Die Kirschen entstielen waschen und entsteinen. Eine ofenfeste flache Form mit Öl einpinseln und mit Semmelbröseln ausstreuen. Die Kirschen darauf verteilen.

Zitronenschale mit den Eiern, dem Zucker und dem Zimtpulver schaumig rühren. Das Mehl mit dem Backpulver mischen und über die Eiermasse sieben. Die Milch unterrühren und den Teig über die Kirschen gießen.

Clafoutis im Backofen (Mitte, Umluft 160°) 35 Min. backen, bis die Oberfläche goldbraun ist. Herausnehmen, mit Puderzucker bestäuben und warm servieren. Dazu passt Vanillesauce (Variante Seite 41) oder halbsteif geschlagene Vanillesahne.

Clafoutis kann man je nach Jahreszeit auch mit anderen Früchten zubereiten, z. B. mit Birnen, Aprikosen, Zwetschgen, Mirabellen oder auch Rhabarber.

Windbeutel mit Himbeeren

Zubereitungszeit: 45 Min.
Backzeit: 20 Min.
Pro Stück ca.: 270 kcal

Zutaten für 12 Stück:
Für den Teig:
3 EL Butter
Salz
250 g Mehl
6 Eier
4 EL Puderzucker
Öl für das Blech

Für die Füllung:
500 g Himbeeren
400 g Sahne
2 EL Vanillezucker

Den Backofen auf 200° (Umluft 180°) vorheizen. Für den Teig 1/4 l Wasser mit der Butter und etwas Salz aufkochen. Das Mehl sieben und auf einmal in das kochende Wasser schütten. Mit einem Holzlöffel den Teig 3–4 Min. durchrühren, bis er sich in einem Klumpen vom Topf löst. Teig vom Herd nehmen, etwas abkühlen lassen, dann nach und nach mit dem Handrührgerät die Eier unterrühren.

Ein Backblech mit Öl bepinseln. 12 Teighäufchen mit einer Spritztülle oder einem Löffel darauf setzen und 20 Min. im vorgeheizten Backofen (Mitte) goldbraun backen. Herausnehmen und abkühlen lassen.

Inzwischen für die Füllung die Himbeeren putzen. Die Sahne steif schlagen und mit dem Vanillezucker süßen.

Die Windbeutel quer mit einer Schere aufschneiden, auf die Unterseite Sahne und Himbeeren verteilen, Deckel darauf setzen. Mit Puderzucker bestäubt servieren.

SOMMER REZEPTE

Zum Aprikosenkompott passt Vanillecreme (Seite 41) oder Eis.

Die Marmelade ist mindestens 6 Monate haltbar.

Aprikosenkompott

Zubereitungszeit: 30 Min.
Pro Portion ca.: 150 kcal

Zutaten für 4 Personen:
600 g Aprikosen
100 g getrocknete Aprikosen
2 EL Zucker
4 cl Aprikosenlikör (nach Belieben)
1/2 Bund Minze

Die frischen Aprikosen waschen, entsteinen, je nach Größe halbieren oder vierteln. Die getrockneten Aprikosen ebenfalls halbieren oder vierteln und mit 1/4 l Wasser 5–6 Min. kochen lassen. Dann die frischen Aprikosen und den Zucker dazugeben und kurz mitkochen lassen. Kompott eventuell mit Aprikosenlikör abschmecken.

Die Minze waschen, trockenschütteln, die Blättchen fein schneiden und unter das Kompott rühren.

Kirschenmännchen

Zubereitungszeit: 30 Min.
Backzeit: 45 Min.
Pro Portion ca.: 530 kcal

Zutaten für 4 Personen:
6 altbackene Semmeln
600 g Kirschen
3 Eier
1/2 l Milch
1 TL Zimtpulver
4 EL brauner Zucker
2 EL Butter
Butter für die Form

Den Backofen auf 180° vorheizen. Die Semmeln in feine Scheiben schneiden. Die Kirschen waschen, Stiele entfernen und entsteinen.

Eine ofenfeste Form mit Butter ausstreichen, Semmeln und Kirschen mischen und gleichmäßig in der Form verteilen. Die Eier mit der Milch, Zimtpulver und braunem Zucker verquirlen und über die Semmeln gießen.

Butter in Flöckchen auf dem Auflauf verteilen. Auflauf im Backofen (Mitte, Umluft 160°) in 45 Min. goldbraun backen.

Kirsch-Schoko-Marmelade

Zubereitungszeit: 30 Min.
Pro Glas ca.: 400 kcal

Zutaten für 2 Gläser
(à ca. 1/4 l Inhalt):
300 g Sauerkirschen
50 g bittere Schokolade (70% Kakaoanteil)
100 ml Portwein oder Sherry
1/8 l Sauerkirschsaft
1/2 Tüte Geliermittel
(für 500 g Früchte)
50 g Zucker
1 Zimtstange

Sauerkirschen entsteinen und halbieren, Saft auffangen. Schokolade grob hacken.

Portwein oder Sherry, Kirschsaft, Kirschen, Geliermittel, Zucker und Zimtstange mit den Kirschen aufkochen und 5 Min. sprudelnd kochen lassen.

Zimtstange entfernen, Schokoladenstückchen einrühren. Die Konfitüre sofort in sterilisierte Twist-off-Gläser füllen und verschließen.

SOMMER REZEPTE

Rote Grütze

Zubereitungszeit: 30 Min.
Auskühlzeit: 1 Std.
Pro Portion ca.: 200 kcal

Zutaten für 4 Personen:
600 g gemischte Beeren und Kirschen
1 unbehandelte Zitrone
1/2 l roter Fruchtsaft
4–6 EL Zucker, 2 EL Speisestärke
1/2 TL Zimtpulver

Die Beeren und Kirschen (außer Himbeeren) waschen und abtropfen lassen. Alle Beeren putzen, Kirschen entstielen und entsteinen. Zitrone heiß abwaschen, abtrocknen und 10 cm Schale dünn abschneiden.

Den Fruchtsaft mit der Zitronenschale und dem Zucker aufkochen lassen. Inzwischen die Speisestärke mit etwas kaltem Wasser anrühren, Mischung in den kochenden Saft gießen und 2 Min. kochen lassen. Beeren und Kirschen dazugeben, einmal aufkochen lassen und alles mit Zimtpulver abschmecken. Rote Grütze 1 Std. auskühlen lassen. Dazu passt Sahne oder Vanillesauce (Variante Seite 41).

Heidelbeer-Trifle

Zubereitungszeit: 25 Min.
Kühlzeit: 1 Std.
Pro Portion ca.: 545 kcal

Zutaten für 4 Personen:
400 g Heidelbeeren
8 Scheiben Zwieback
150 ml Heidelbeersirup
100 g Frischkäse
2 EL Zucker
200 g Sahne

Die Heidelbeeren waschen und abtropfen lassen. Zwieback in Stücke brechen, in vier Gläser füllen und mit dem Heidelbeersirup tränken. Heidelbeeren darauf verteilen.

Frischkäse und Zucker mit dem Handrührgerät glatt rühren. Die Sahne halbsteif schlagen und unterrühren. Creme auf die Beeren geben. Trifle mindestens 1 Std. kalt stellen.

Johannisbeergelee

Zubereitungszeit: 30 Min.
Abtropfzeit: 1 Std.
Pro Glas ca.: 475 kcal

Zutaten für 4 Gläser
(à ca. 1/4 l Inhalt):
1 kg rote Johannisbeeren
2 Vanilleschoten, 400 g Zucker
1 Tüte Geliermittel (für 1 l Saft)
50 ml Limettensaft

Beeren waschen und abstreifen. Mit 350 ml Wasser aufkochen und bei schwacher Hitze 10 Min. kochen lassen. Beeren zerdrücken. Ein Sieb mit einem Gazetuch auslegen, Früchte hineingießen und 1 Std. abtropfen lassen, dann leicht ausdrücken.

Vanilleschoten aufschlitzen, längs vierteln. Das Mark herausschaben und mit Zucker und Geliermittel mischen. Johannisbeersaft mit Limettensaft und Wasser auf 1 l Flüssigkeit auffüllen. Mit Vanilleschoten und Zucker in einem Topf aufkochen lassen. Saftmischung unter Rühren 3 Min. sprudelnd kochen lassen. Gelee in sterilisierte Twist-off-Gläser füllen und verschließen. Gläser für 5 Min. auf den Deckel stellen.

Auch Vanilleeis passt gut zu Stachelbeer-Crumble.

Stachelbeeren *schmecken auch mit Baiserhäubchen ausgezeichnet:*
Den Backofen auf 180° vorheizen. Aus 200 g Mehl, 100 g Butter, 80 g Zucker und 1 Ei einen süßen Mürbteig herstellen und mit Stachelbeeren belegt im Ofen (Mitte, Umluft 160°) backen. Inzwischen 3 Eiweiße mit 3 EL Puderzucker zu steifem Schnee schlagen, über die Beeren geben und alles noch 10 Min. bei 220° (Umluft 210°) leicht bräunen.

SOMMER REZEPTE

Stachelbeer-Crumble

Zubereitungszeit: 20 Min.
Backzeit: 30–40 Min.
Pro Portion ca.: 620 kcal

Zutaten für 4 Personen:
Für das Crumble:
600 g Stachelbeeren
100 g kalte Butter
200 g Mehl
100 g Zucker
1/2 TL Zimtpulver (nach Belieben)
Butter für die Form

Für die Sauce:
500 g Joghurt
2 EL Honig

Eine Auflaufform mit Butter ausstreichen. Backofen auf 180° vorheizen. Die Stachelbeeren waschen, Blüten und Stiele entfernen. Stachelbeeren gleichmäßig in der Form verteilen.

Die kalte Butter in kleine Stücke schneiden. Das Mehl in eine Schüssel sieben, Butter, Zucker und eventuell das Zimtpulver dazugeben und mit den Händen zu Streuseln verreiben. Die Streusel über die Stachelbeeren streuen und alles 30–40 Min. im vorgeheizten Backofen (Mitte, Umluft 160°) backen.

Inzwischen für die Sauce den Joghurt und den Honig glatt rühren. Crumble warm servieren und die Sauce extra dazu reichen.

Varianten
Sie können auch andere säuerliche Früchte oder Fruchtkombinationen verwenden oder auch Früchte mit Trockenobst und Nüssen mixen, z. B. Pflaumen mit Mandeln, Äpfel mit Rosinen, Ananas mit Datteln, Pflaumen mit Äpfeln oder Äpfel mit Walnüssen.

Brombeerkuchen

Zubereitungszeit: 45 Min.
Backzeit: 1 Std.
Bei 12 Stück pro Stück ca.: 340 kcal

Zutaten für 1 Springform von 26 cm Ø:
Für den Teig:
375 g Weizenmehl (Type 550)
Salz, 1 EL Zucker
250 g kalte Butter
20–50 ml Eiswasser
Mehl für die Arbeitsfläche

Für die Füllung:
500 g Brombeeren
1 unbehandelte Zitrone
3 EL Speisestärke, 100 g Zucker
1 EL Butter

Zum Bestreichen:
1 Eigelb, 2 TL Milch

Für den Teig Mehl, 1 Prise Salz und Zucker in einer großen Schüssel mischen. Butter in kleine Würfel schneiden und mit den Händen unter das Mehl arbeiten (wie für Streusel). Die Butterstückchen dürfen noch spürbar sein. Eiswasser darüber spritzen und unterarbeiten, bis der Teig geschmeidig wird. Möglichst wenig kneten, auch jetzt dürfen noch Butterstückchen sichtbar sein. Eine Kugel formen, falls nötig, noch etwas Wasser zum Teig geben. Teig 20 Min. kühl stellen.

Inzwischen für die Füllung die Beeren verlesen. Zitrone heiß abwaschen, abtrocknen. Schale abreiben, Saft auspressen. Stärke mit dem Zitronensaft glatt rühren, dann mit den Beeren, Zitronenschale und Zucker mischen. Beeren 10–15 Min. Saft ziehen lassen.

Den Backofen auf 180° vorheizen. Teig auf einer bemehlten Arbeitsfläche zu zwei dünnen Böden von ca. 35 cm Durchmesser ausrollen. Einen Boden in die Form legen, die Ränder nicht beschneiden. Die Füllung hineingießen, die Butter in Flöckchen darauf verteilen. Den Teigdeckel darauf legen und die Ränder zusammendrücken.

Eigelb und Milch verquirlen, den Teig damit bestreichen. Mit der Gabel einige Luftlöcher in die Teigdecke stechen. Brombeerkuchen im vorgeheizten Backofen (Mitte, Umluft 160°) 1 Std. backen.

81

Paradiesisch gut:
Gemüse & Obst

Die Früchte von Feldern, Bäumen und Sträuchern zählen zu den wichtigsten Nahrungsmitteln des Menschen. Sie bergen wertvolle Bestandteile, die für ein gesundes Leben unabdingbar sind. Gleichzeitig sind Obst und Gemüse empfindliche

Obst und Gemüse sind gesund – das weiß inzwischen jeder. Bis vor einigen Jahrzehnten kannte aber eigentlich niemand die genauen Zusammenhänge. Zwar war die Wirkung von Vitaminen, Mineralien und Ballaststoffen weitgehend bekannt, doch jeder Versuch, die Natur mit künstlichen Präparaten zu kopieren, scheiterte. Erst seit neuester Zeit scheinen die Geheimnisse von Äpfeln, Möhren, Tomaten und Bohnen gelüftet. Die Super-Lebensmittel enthalten neben den bekannten Nährstoffen auch Substanzen, die eine ganz besondere Schutzwirkung haben: die sekundären Pflanzenstoffe. Sie kommen in der Hauptsache als Farb- und Geschmacksstoffe daher und leisten als »Gesundheitspolizei« hervorragende Arbeit in unserem Körper. In ihren verschiedenen Formen schützen sie uns vor den so genannten freien Radikalen, die unsere Zellverbände angreifen. Mit jeder Knoblauchzehe, jeder Gabel Spinat, aber auch

Lebensmittel, die besondere Umsicht bei der Lagerung und Zubereitung erfordern. Am besten genießen oder verarbeiten Sie sie erntefrisch.

jeder Erdbeere, Kirsche oder Mirabelle führen wir uns Polyphenole (in der Möhre), Glukosinolate (in Rettich), Terpene (in Kümmel und Pfefferminze) und Sulfide (in Knoblauch) zu, jene Vitalstoffe, die unser Immunsystem stärken und schützen und die außerdem auch die Entstehung von Krebs verhindern helfen.

Dabei unterstützen sich die verschiedenen Pflanzenstoffe untereinander und arbeiten auch mit den Vitaminen Hand in Hand, auf deren Zufuhr der Körper ebenfalls angewiesen ist. Das Vitamin C als das bekannteste ist in Pflanzen und Früchten reichlich vorhanden, hat aber den Nachteil, gegen Licht und Wärme besonders empfindlich zu sein. Vitamin E ist fettlöslich und daher häufig in ölhaltigen Nüssen und Keimen anzutreffen, während Vitamin A nur über dessen Vorstufe, dem Beta-Carotin, aus der Pflanze bezogen wird.

Außerdem haben Gemüse und Obst wenig Kalorien, dafür aber viele Ballaststoffe zu bieten. Die Bezeich-

GEMÜSE & OBST REPORTAGE

Obst und Gemüse zählen zu den ältesten Nahrungsmitteln der Menschheitsgeschichte und auch zu den wertvollsten.

nung täuscht etwas über die Funktion hinweg: Diese Stoffe – unverdauliche Bestandteile von Getreide, Gemüse und Hülsenfrüchten – nehmen auf der Reise durch den Körper alle möglichen Schadstoffe auf, bevor sie nahezu unverändert wieder ausgeschieden werden. Damit entlasten sie den Körper, sie kehren ihn sozusagen von innen aus.

Warum Biogemüse?

Untersuchungen haben ergeben, dass Gemüse und Obst aus biologischem Anbau mehr Vitamine und Vitalstoffe enthält. Und durch den Verzicht auf chemische Pflanzenschutzmittel, gibt es auch keine Rückstände von Fungiziden und Pestiziden. Künstliche Düngung ist tabu, die Pflanzen finden alle benötigten Nährstoffe im Boden. Damit das so bleibt und der Boden nicht ausgelaugt wird, ist eine wohldurchdachte Abfolge bei der Bebauung nötig, denn jede Gemüsesorte hat andere Ansprüche, braucht andere Nährstoffe und gibt auch wieder etwas an den Boden ab. In der Fruchtfolge werden z.B. nacheinander Lauch, Möhren und Spinat angebaut. Alle vier bis fünf Jahre erfolgt eine Gründüngung, bei der Stickstoff bildende Erbsen oder Wicken, so genannte Leguminosen, nach ihrem Aufwuchs untergepflügt werden. Der Bedarf des Bodens an Mineralstoffen ist ausschließlich durch natürliche Substanzen wie Vulkanasche, Hornspäne oder Stallmist gedeckt. Auf dem Bioacker wachsen die Pflanzen zwar langsamer, können sich dabei aber optimal mit den genannten Vitalstoffen ausstatten. Vor Nitrat ist allerdings auch Biogemüse nicht gefeit.

Regional und saisonal

Gemüse sollte möglichst erntefrisch eingekauft und verbraucht werden, denn die Vitalstoffe, vor allem die in Salaten und anderen Blattgemüsen, haben nur eine geringe Halbwertszeit. Direktverkauf lautet die Lösung, so wenig Zwischenhandel wie möglich. Neben den in vielen Gegenden beliebten Bauernmärkten hat sich auch die »Biokiste im Abo« als recht erfolgreich erwiesen. Therese Apfelbacher, Biobäuerin im rheinischen Bornheim, setzt bei der Abokiste neueste Technologie ein. Die über 1000 Kunden, die regelmäßig frei Haus mit der tagesfrischen Ware beliefert werden, können ihre Bestellungen täglich ändern. Der Computer macht´s möglich. Auch sind moderne Techniken mit Fließbändern, Pflanzmaschinen und rationelle Arbeitsteilung im Bioanbau längst die Regel, auch wenn Handarbeit immer noch häufig gefragt ist.

Wieder entdeckte Gemüsesorten

Einige Gemüse wie Mangold, Wurzelpetersilie, Pastinake oder Topinambur galten jahrzehntelang als verschollen, und auch die berühmten Teltower Rübchen

Treibhaus und Bioanbau sind kein Widerspruch. Um Salate und Kräuter auch im Winter liefern zu können, zieht Thomas Pummerer aus dem bayrischen Riedering seine Salate und Kräuter im frostsicheren Gewächshaus.

Diese überreifen Kürbisse werden nicht geerntet, sondern untergepflügt. Sie enthalten wertvolle Nährstoffe, aus denen der Boden neue Kraft für andere Gemüsekulturen schöpft.

Fließbandarbeit gibt es auch im Bioanbau, etwa bei der Kolrabiernte.

Gleich nach der Ernte werden die Radieschen gebündelt und in Container gepackt, in denen sie später kurz gewaschen werden (Mitte).
Direkt vom Feld zum Verbraucher: Mit der Biokiste können Obst und Gemüse bereits Stunden nach der Ernte geliefert werden (rechts).

Aus den erntefrischen Früchten wie den Mirabellen und Zwetschgen (oben) lassen sich leckere Marmeladen und Gelees herstellen, die auch auf Biomärkten angeboten werden (rechts).

Erdbeeren sind eine echte Delikatesse, wenn sie, reif gepflückt, direkt vom Feld verkauft werden.

Äpfelernte auf der Streuobstwiese.

Die Qualität der Apfelblüte überprüft Bert Krämer bei seiner regelmäßigen Kontrolle.

kannte man nur noch aus Großmutters Kochbuch. Inzwischen sind sie auf vielen Gemüsemärkten zu finden. Immer mehr Ökolandwirte setzen auf die alten Nutzpflanzen, denn sie sind nicht nur optimal an unsere Böden angepasst, sie bringen Vielfalt und ganz neue Geschmackserlebnisse. Bei Tomaten gibt es einen regelrechten Wettstreit, wer die ältesten Sorten wieder auferstehen lässt. Gute Chancen hat da Günter Klose aus Fredersdorf nahe Berlin. In seinem Garten wachsen 150 verschiedene historische Tomaten. Glaubt man dem Züchter, so ist die älteste über 2000 Jahre alt. Ihre Erscheinung erinnert etwas an die Apfelsine, denn das Fruchtfleisch ist in Segmente unterteilt, ein für damalige Zeiten idealer Reiseproviant. Ihr Name: Reisetomate.

Rückkehr von Ananasrenette und Ontario

Auch bei Obst besinnt man sich wieder auf Altes. Apfelsorten, die in den letzten Jahrzehnten den Forderungen nach normgerechtem Aussehen zum Opfer fielen, tauchen allmählich wieder auf den Bioplantagen auf: Die über 300 Jahre alte Ananasrenette, der Ontario mit dem höchsten Vitamin-C-Gehalt oder Idared, ein Apfel mit geringem Zuckergehalt, der auch für Diabetiker günstig ist. Auch hier hat die Rückbesinnung weniger mit Nostalgie, dafür umso mehr mit der Wiederentdeckung des Geschmacks zu tun. Die vom Handel verlangten schnell wachsenden Früchte mit großem Volumen und gleichmäßigem Aussehen sind keineswegs so gehaltvoll, wie sie versprechen. Im Gegenteil: Geht es um Nährstoffgehalt und würzigen Geschmack, so schneiden kleinere Äpfel oft besser ab. Auch hier von Vorteil: keine künstliche Düngung, keine chemischen Pflanzenbekämpfungsmittel. Weil sich aber im Frühjahr zur Blütezeit die Schädlinge schneller vermehren als die Nützlinge, greift Bert Krämer, seit 20 Jahren Biobauer und Spezialist für Apfelsorten, tief in seine Trickkiste. Viele Insekten, die sich über die Schädlinge hermachen, sind am Nektar der Apfelblüten wenig interessiert. Um sie dennoch anzulocken, sät Krämer wilde Möhren um seine Bäume, auf deren Blüten die hilfreichen Summer sprichwörtlich fliegen. Die Apfelsägenwespe hingegen mag der Landwirt überhaupt nicht: Ihre Stippvisite endet fast immer mit dem Tod der besuchten Frucht. Daher hängt er eigens für sie weiße klebrige Tafeln ins Geäst. Die Wespe lässt sich von der Helligkeit locken und fliegt ins Verderben.

Ernte ist Terminsache

Um Äpfel und auch Birnen zu ernten, die sich längere Zeit lagern lassen, muss der Obstbauer den richtigen Erntetermin auswählen. Zu früh gepflückte Äpfel mögen zwar fest sein, haben jedoch nicht den vollen Geschmack. Die Reife hängt vom Zuckergehalt ab, genauer gesagt, vom Verhältnis des Zuckers zur vorhandenen Stärke. Nur innerhalb weniger Tage liegen diese Werte so günstig, das von »lagerreifen« Früchten gesprochen werden kann. Alles, was nach diesem Zeitpunkt geerntet wird, reift nach, selbst wenn die Lagerbedingungen stimmen: Äpfel mögen es kühl und luftig. Sie sollten jedoch nur für sich alleine lagern. Das ausströmende Äthylen würde andere Früchte schneller nachreifen lassen und auch die Haltbarkeit von Gemüsen vermindern. Übrigens: Die rote Färbung der Äpfel lässt nicht auf den Reifezustand schließen. Sie bildet sich, wenn beim Heranwachsen kalte Nächte und heiße Tage einander abwechseln.

Qualität aus der Region

Auch Erdbeeren müssen zum richtigen Zeitpunkt abgepflückt werden, denn nur die am Strauch ausgereiften Früchte bringen das volle Aroma. Im Gegensatz zu Äpfeln sind sie dann aber kaum noch lagerfähig. Der Kenner bevorzugt Produkte aus der Region, die keine langen Transportwege hinter sich haben. Das Gleiche gilt auch für alle anderen Beerenfrüchte. Selbst im Kühlschrank nimmt ihr Vitamingehalt ab. Manche Sorten haben bereits nach 12 Stunden die Hälfte ihrer Nährstoffe eingebüßt.

Fruchtiger Wintervorrat

Viele Früchte kann man noch im Winter genießen, wenn sie entsprechend konserviert sind. Neben der bekannten Einweckmethode bietet sich das Dörren an, das das Aroma erheblich steigert. Auch Obstsäfte sind das ganze Jahr beliebt. Bei gekauften sind allerdings Formulierungen wie »naturtrüb« und »sonnegereift« nur unverbindliche Beschreibungen. Der Begriff »Direktsaft« hingegen verweist auf Qualität: Das Getränk ist mit dem ausgepressten Saft nahezu identisch.

Weiße Johannisbeeren schmecken hervorragend, werden aber wegen ihrer Färbung kaum von Vögeln gefressen.

Herbst
Reiche Ernte

Wenn die Äpfel aus heimischer Ernte auf den Markt kommen, wird's langsam Herbst. Die Tage werden kürzer, und man hat wieder mehr Lust zu backen. Apfelkuchen und Zwetschgendatschi schmecken jetzt am besten.

Reiche Ernte
Herbst

September und Oktober sind die Zeit der Weinlese.

Die Blätter der Bäume beginnen sich zu verfärben, die letzten Getreidefelder leuchten goldgelb, andere sind schon abgeerntet und gepflügt. Die Kartoffeln werden geerntet und manchmal riecht es noch nach Kartoffelfeuern. In den Weinbergen sieht man viele Helfer, die bei der Lese mitarbeiten. Die Temperaturen sind inzwischen gemäßigt. Wenn man an schönen Abenden noch draußen sitzt, muss man etwas überziehen.

Mit Hoffesten wird die eingebrachte Ernte gefeiert, und bald gibt es den jungen Wein, den Federweißen, der so gut zu Zwiebelkuchen schmeckt.

Kulinarische Klassiker

Beim Gemüse werden die leuchtenden Sommerfarben langsam von gedeckteren Tönen abgelöst. Man findet jetzt Gemüse auf dem Markt, die fast in Vergessenheit geraten waren: Kürbisse in allen Größen, Formen und Farben, Pastinaken und Petersilienwurzeln, Topinambur, Rote Bete und Steckrüben haben ihre Hauptsaison. Daneben leuchten die Möhren jetzt ohne Kraut, der runde schwarze Rettich verdrängt langsam den weißen und den roten. Lauchstangen liegen neben dicken Sellerieknollen. Zwiebeln sieht man manchmal zu dekorativen Zöpfen geflochten. Das Kartoffelangebot ist jetzt am größten.

Von A(pfel) bis Z(wetschge)

Die neue Ernte der Äpfel und Birnen ist jetzt mit paradiesischer Vielfalt im Angebot. Da sind Sorten zu entdecken, die lange Zeit nicht mehr zu finden waren. Denn heute werden sie wieder von Biobauern angebaut und überraschen mit ungeahnten Geschmackserlebnissen. Quitten, ebenfalls lange Zeit unbeachtet, entwickeln sich zum Trendobst – obwohl sie roh nicht genießbar sind. Leuchtend gelb und duftend verführen sie zum Ausprobieren. Sie eignen sich für pikante Gerichte ebenso wie für Gelees und andere süße Leckereien. Nutzen Sie die Zwetschgensaison für saftige Kuchen und fruchtige Knödel. Die süßen Spätzwetschgen können Sie dann als Mus oder Kompott für den Winter konservieren.

Bio-Wein: Klasse statt Masse

Auch hier gelten die Grundsätze des Bio-Anbaus: keine Kunstdünger und keine chemischen Schädlingsbekämpfungsmittel. Stattdessen ein Rebenanbau, bei dem sich die Natur selbst helfen kann. Typisch für Öko-Weinberge ist die Begrünung der Rebzeilen. Es gibt dort eine große Artenvielfalt von Kräutern und Gräsern, die von den Winzern aktiv gefördert werden und Erosion verhindern. Dazu werden zwischen den Reihen Pflanzen wie Klee gesät, die in ihren Wurzeln Stickstoff speichern und als natürlicher Stickstoffdünger untergepflügt werden. Zusätzlich wird organischer Dünger zur Bodenverbesserung eingesetzt.

Die Schädlingsbekämpfung mit natürlichen Mitteln wird durch Hecken und Reisighaufen an den Rändern gefördert, in denen sich nützliche Insekten zu Hause fühlen. Diese Nützlinge werden unterstützt durch extra angebrachte Pheromonfallen, die mit künstlichen Sexualduftstoffen Schädlinge anlocken. Mit biologischen Spritzmitteln wie Brennnesseljauche und Schachtelhalmbrühe wird der Rebstock widerstandsfähiger gemacht. Natürlich wird nur von Hand geerntet, so bekommt der Winzer die Qualitätstraube für seinen Biowein, wie er sie braucht.

Zu den Grundsätzen im Keller gehört, dass der Wein kaum geschwefelt wird. Beerenschalen und Hefereste werden wieder als Dünger eingesetzt. Auch künstliche Schönungsmittel sind nicht erlaubt, um die Trübstoffe im Wein zu entfernen. Das Ergebnis ist überzeugend - Bioweine haben in den letzten Jahren viele Auszeichnungen bekommen. Heute haben viele konventionell arbeitende Winzer bereits Methoden wie die Rebzeilenbegrünung übernommen.

Typisch Herbst: Zwetschgen, Kürbis und Wirsing.

Passt zu kurz gebratenem Fleisch und zu Fisch.

Frisée als Gemüse – zart, nussig und schnell gemacht.

Löwenzahngemüse

Zubereitungszeit: 20 Min.
Marinierzeit: 20 Min.
Pro Portion ca.: 195 kcal

Zutaten für 4 Personen:
800 g Löwenzahn
Salz
1 Zitrone
4 EL Sonnenblumenöl
Pfeffer

Vom Löwenzahn den Strunk abschneiden, die Blätter gründlich waschen und in längere Stücke schneiden. Löwenzahn in reichlich kochendem Salzwasser in 8–10 Min. bissfest blanchieren, eiskalt abschrecken und abtropfen lassen.

Die Zitrone auspressen. Saft mit Öl und Pfeffer zu einer Marinade verrühren. Löwenzahn damit mischen und 20 Min. marinieren. Das Gemüse mit Zimmertemperatur servieren.

Rettichmus

Zubereitungszeit: 30 Min.
Pro Portion ca.: 155 kcal

Zutaten für 4 Personen:
200 g Kartoffeln
1 großer schwarzer Rettich
1 kleine Zwiebel
1 Bund Schnittlauch
50 g saure Sahne
1 TL Senf
Salz, Pfeffer

Die Kartoffeln in der Schale in 20–30 Min. weich kochen. Rettich schälen, grob raspeln und salzen. Zwiebel schälen und fein würfeln. Schnittlauch in Röllchen schneiden. Sahne mit Senf, Zwiebel und der Hälfte des Schnittlauchs verrühren. Rettich auspressen und mit der Sahnesauce mischen.

Kartoffeln pellen, durch die Presse drücken und mit dem Rettichsalat mischen. Salzen, pfeffern und mit Schnittlauch bestreuen. Schmeckt gut auf geröstetem Bauernbrot. Wer mag, kann noch hart gekochte, gehackte Eier untermischen oder drüberstreuen.

Friséegemüse

Zubereitungszeit: 20 Min.
Pro Portion ca.: 185 kcal

Zutaten für 4 Personen:
1 Friséesalat
1 EL Butter
50 g Walnusskerne
100 g Sahne
Salz, Pfeffer

Friséesalat in einzelne Blätter teilen, gründlich waschen und abtropfen lassen.

Butter in einem Topf erhitzen, Walnusskerne in Stücke brechen und darin anbraten. Friséesalat dazugeben und mit anbraten. Sahne angießen und einkochen lassen. Mit Salz und Pfeffer würzen. Passt gut zu hellem Fleisch und Fisch.

HERBST REZEPTE

Möhrensalat

Zubereitungszeit: 25 Min.
Marinierzeit: 30 Min.
Pro Portion ca.: 105 kcal

Zutaten für 4 Personen:
700 g Möhren
Salz
3 EL Weißweinessig
3 EL Sonnenblumenöl
Zucker
1 TL Fenchelsamen

Die Möhren schälen und in Salzwasser in 15 Min. bissfest kochen. Möhren mit einer Schaumkelle herausnehmen, klein schneiden und mit 1/8 l heißem Kochfond übergießen.

Essig, Sonnenblumenöl, 1 Prise Zucker, nach Belieben Salz und Fenchelsamen zu einer Marinade verrühren. Möhren damit mischen und 30 Min. marinieren. Mit Zimmertemperatur servieren.

Endiviensalat mit Birne

Zubereitungszeit: 35 Min.
Pro Portion ca.: 140 kcal

Zutaten für 4 Personen:
1 Kopf Endiviensalat
2 Birnen
100 g würziger Blauschimmelkäse
200 ml Buttermilch
3 EL Weißweinessig
Salz, Pfeffer

Vom Endiviensalat die äußeren Blätter entfernen, Blätter in Streifen schneiden, lauwarm waschen und abtropfen lassen. Die Birnen waschen, das Kernhaus entfernen und in Spalten schneiden.

Den Blauschimmelkäse in Stücke brechen und mit der Buttermilch und dem Weißweinessig pürieren, mit Salz und Pfeffer abschmecken.

Den Salat anrichten, mit Dressing übergießen und mit den Birnen garnieren.

Scharfer Rettichsalat

Zubereitungszeit: 40 Min.
Pro Portion ca.: 60 kcal

Zutaten für 4 Personen:
1 Chilischote
2 EL Rapsöl
1/2 TL Fenchelsamen
1 roter Rettich
Salz
1 Zitrone
1 Bund Petersilie

Chilischote waschen, aufschlitzen, entkernen und in Stücke schneiden. Öl mit dem Fenchel erhitzen, vom Herd nehmen, Chili darin 5–10 Min. ziehen lassen.

Rettich putzen, waschen und in Scheiben hobeln. Salzen und 10 Min. ziehen lassen, dann die Flüssigkeit abgießen.

Zitrone auspressen, Chiliöl durch ein Sieb gießen und mit dem Saft verrühren. Petersilie waschen und grob hacken. Alles mit dem Rettich mischen und noch einmal 10 Min. ziehen lassen.

HERBST REZEPTE

Rote-Bete-Gratin

Zubereitungszeit: 25 Min.
Backzeit: 40 Min.
Pro Portion ca.: 340 kcal

Zutaten für 4 Personen:
6 Rote Beten mit Blättern (ca. 750 g)
3 Stängel Majoran
200 g Sahne
2 Eier
2 TL süßer Senf
Salz, Pfeffer
100 g Butterkäse
Butter für die Form

Rote Beten waschen, wenn nötig schälen, Wurzelansatz abschneiden. Blätter und Stiele in Streifen schneiden, Knollen in dünne Scheiben hobeln. Majoran waschen, Blättchen abzupfen. Gratinform mit Butter fetten. Backofen auf 190° vorheizen.

Rote-Bete-Scheiben und Blattstreifen in die Form füllen. Sahne mit Eiern, Majoran, Senf, Salz und Pfeffer verrühren, über die Roten Beten gießen. Den Butterkäse darüber hobeln. Im Backofen (Mitte, Umluft 160°) 40 Min. backen.

Sellerieflan mit Tomatensauce

Zubereitungszeit: 1 Std. 10 Min.
Pro Portion ca.: 210 kcal

Zutaten für 4 Personen:
500 g Knollensellerie
1 EL Butter
100 ml Geflügelbrühe
Salz
1/4 TL Fünfgewürz-Pulver
3 Eier
100 g Sahne
Cayennepfeffer

Für die Tomatensauce:
2–3 Tomaten, 1 Zwiebel
1 Knoblauchzehe
1 EL Distelöl
Salz, Pfeffer, 1/2 TL Zucker
10–12 Basilikumblätter
Butter für die Förmchen

Sellerie schälen, würfeln und in der Butter anbraten, dann 100 ml Brühe angießen. Sellerie mit Salz und Fünfgewürz würzen und im offenen Topf 10–15 Min. leise kochen lassen, bis die Flüssigkeit verdampft und der Sellerie weich ist.

Inzwischen 4 Souffléförmchen buttern. 1 Ei trennen, Eiweiß mit 1 Prise Salz steif schlagen. Backofen auf 200° vorheizen. Sellerie mit Sahne, dem Eigelb und den restlichen Eiern pürieren. Mit Salz und Cayennepfeffer abschmecken. Das Eiweiß unterheben, die Masse in die Förmchen füllen und im Backofen (Mitte, Umluft 170°) 30 Min. backen.

Inzwischen für die Sauce Tomaten waschen und ohne die Stielansätze würfeln. Zwiebel und Knoblauch schälen, würfeln und im Öl anbraten. Tomaten dazugeben und bei starker Hitze unter Rühren zu einer dicken Sauce einkochen. Mit Salz, Pfeffer und Zucker abschmecken. Basilikum waschen, in Streifen schneiden und unterrühren. Flans auf Teller stürzen und mit Tomatensauce servieren.

Die Tomatensauce schmeckt auch kalt als Dip oder heiß zu Nudeln.

Als Beilage ausgezeichnet zu Geflügel, Kalb- oder Lammfleisch.

Salat statt mit gerösteten Sonnenblumenkernen auch mal mit Keimlingen oder Sprossen verfeinern.

Rübchen mit Vanille

Zubereitungszeit: 25 Min.
Pro Portion ca.: 80 kcal

Zutaten für 4 Personen:
800 g Teltower oder andere Rübchen
Salz
1 Vanilleschote
2 EL Butter
Zucker

Die Rübchen schälen, halbieren und in Spalten schneiden. In Salzwasser in etwa 5 Min. bissfest blanchieren, abgießen, dabei das Kochwasser auffangen. Rübchen eiskalt abschrecken. 200 ml vom Kochwasser zur Seite stellen, den Rest weggießen.

Die Vanilleschote der Länge nach aufschlitzen und das Mark auskratzen. Die Butter mit dem Vanillemark, dem Zucker und dem Rübchenwasser aufkochen, die Rübchen dazugeben. Flüssigkeit unter ständigem Rühren vollständig einkochen lassen und so die Rübchen glasieren.

Petersiliensuppe

Zubereitungszeit: 40 Min.
Pro Portion ca.: 210 kcal

Zutaten für 4 Personen:
250 g Petersilienwurzeln
250 g Lauch, 1 1/2 EL Butter
100 ml Weißwein
1/2–3/4 l Geflügelbrühe
2 Bund Petersilie, 200 g Schmand
Salz, Harissa oder Cayennepfeffer
1–2 EL Zitronensaft

Petersilienwurzeln schälen, klein schneiden. Grüne Lauchteile abschneiden und anderweitig verwenden. Weiße Teile putzen, längs aufschneiden, waschen und in Streifen schneiden. Butter in einem Topf erhitzen, Petersilienwurzeln und Lauch darin andünsten. Wein angießen und einkochen lassen. Gemüse mit 1/2 l Brühe aufgießen und in 10–12 Min. gar kochen.

Inzwischen Petersilie waschen, grob hacken und mit 100 g Schmand im Mixer pürieren. Suppe mit restlichem Schmand im Topf pürieren, mit Salz, Harissa oder Cayennepfeffer und Zitronensaft abschmecken, mit Petersilienschmand servieren.

Sellerie-Möhren-Salat

Zubereitungszeit: 30 Min.
Marinierzeit: 30 Min.
Pro Portion ca.: 140 kcal

Zutaten für 4 Personen:
250 g Knollensellerie
2 Möhren, 1 säuerlicher Apfel
1 kleiner Kopf Radicchio
2 EL Sonnenblumenkerne
200 g saure Sahne, 3 EL Zitronensaft
1 TL grobkörniger Senf
1 TL flüssiger Honig
1 EL kleine Kapern
Salz, Cayennepfeffer

Sellerie und Möhren schälen, in feine Streifen hobeln. Apfel waschen, putzen und würfeln. Radicchio putzen und in feine Streifen schneiden. Sonnenblumenkerne in einer Pfanne rösten.

Sahne mit Zitronensaft, Senf, Honig und Kapern mischen, mit Salz und Cayennepfeffer abschmecken, mit dem Salat mischen und 1/2 Std. ziehen lassen. Mit Sonnenblumenkernen bestreut servieren.

Malcolm Mackay: der neue, preisgekrönte Kult-Bestsellerautor aus Schottland mit absolut unverwechselbarem Sound.

Calum MacLean lebt allein in seiner Wohnung in Glasgow. Das Telefon klingelt. Eine belanglose Unterhaltung. Aber dahinter steckt ein Jobangebot. Wenn man die Zeichen zu deuten weiß.

Er ist Experte. Einzelgänger. Hat einen guten Ruf bei denen, die zählen in Glasgow. Ein Treffen in einem Club. Ein Auftrag. Ein Ziel: Lewis Winter.

Fesselnd und cool: Mackay zieht uns in eine dunkle Welt, in der es Regeln gibt. Sie nicht zu kennen ist tödlich.

»Die bedeutendste neue Stimme in der schottischen Spannung! Authentisch, stilsicher, ein moderner Raymond Chandler.« *Scotsman*

»Ein eindrucksvoll originelles Debüt, das turmhoch aus dem üblichen Einerlei herausragt. Man kann es nicht aus der Hand legen.« *The Observer*

»Mackay erschafft Figuren, die so lebendig wirken, dass man lange nach Ende der Lektüre über sie nachdenkt. Ein bemerkenswertes Buch. Der neue Star!« *Daily Mail*

»Eindrucksvoll! Subtil faszinierend, voller moralischer Mehrdeutigkeit.« *The Times*

»Unfassbar, wie der Autor es fertigbringt, dass man als Leser auf der Seite von Auftragskiller Calum steht.« *Elle* (Frankreich)

Malcolm Mackay stammt aus Stornoway in Schottland. Er kennt Glasgow gut. Sein erster Roman ist für den »New Blood Dagger« nominiert. Auch die beiden weiteren Thriller seiner ›Glasgow-Trilogie‹ sind bereits Bestseller in Großbritannien. Mackay wurde mit dem »Scottish Crime Book of the Year Award« ausgezeichnet und wird von der Presse als die wichtigste neue Krimistimme Schottlands gefeiert.

Weitere Informationen, auch zu E-Book-Ausgaben, finden Sie bei www.fischerverlage.de

KUEH LAPIS REMPAH
KÜCHENKAUFN

DREIERLEI LIEDECGI
WIENER NUSSKU

SCHÖNLEBE CAFC
ARMENISCHE PLÄTZCH.

G. VEDING BLOCH BIO.

ATAK. LINKS

HERBST REZEPTE

Pastinakensuppe

Zubereitungszeit: 40 Min.
Pro Portion ca.: 280 kcal

Zutaten für 4 Personen:
1 Zwiebel, 1 Knoblauchzehen
100 g luftgetrockneter Schinken
750 g Pastinaken, 250 g Kartoffeln
1 Zweig Thymian, 1 1/2 EL Butter
1–1 1/2 l Geflügelbrühe
100 g Sahne, Salz, Pfeffer

Zwiebel und Knoblauch schälen und würfeln. Schinken in Streifen schneiden. Pastinaken und Kartoffeln waschen, schälen und in Scheiben schneiden. Thymian waschen, Blättchen abstreifen.

1 EL Butter erhitzen. Zwiebel, Knoblauch, 50 g Schinken und Thymian darin anbraten. Pastinaken, Kartoffeln und gut 1 l Brühe dazugeben. Gemüse in 20–25 Min. weich kochen. Restlichen Schinken in restlicher Butter knusprig braten.

Die Suppe pürieren und durch ein Sieb passieren. Suppe mit der Sahne erhitzen, bei Bedarf noch Brühe dazugießen, salzen und pfeffern. Suppe mit dem gebratenen Schinken bestreuen.

Rote-Bete-Kompott

Zubereitungszeit: 15 Min.
Backzeit: 1 Std.
Pro Portion ca.: 140 kcal

Zutaten für 4 Personen:
500 g Rote Beten, 1 Apfel
1 walnussgroßes Stück Ingwer
3 Knoblauchzehen
3 EL brauner Zucker
50 ml Weinessig
Salz, Pfeffer, 2 EL Rapsöl
Tabasco (nach Belieben)

Rote Beten waschen, schälen und in Spalten schneiden. Apfel und Ingwer schälen, putzen und in feine Scheiben schneiden. Knoblauch ungeschält mit der Messerklinge anquetschen. Backofen auf 220° vorheizen.

Rote Beten, Apfel, Ingwer und Knoblauch auf ein großes Stück extra starker Alufolie häufen, mit Zucker, Essig, Salz, Pfeffer und Öl mischen. Alufolie zu einem Päckchen verschließen. Rote Beten im Ofen (Mitte, Umluft 200°) 40–60 Min. backen, dann in eine Schüssel füllen und eventuell mit Tabasco schärfen. Gut zu Fleisch oder Käse.

Gebackene Steckrüben

Zubereitungszeit: 15 Min.
Backzeit: 1 Std. 15 Min.
Pro Portion ca.: 160 kcal

Zutaten für 4 Personen:
1 kg möglichst kleine Steckrüben
2 Zweige Rosmarin
2–3 EL Butter, Salz, Pfeffer
2 EL flüssiger Honig
2 EL Zitronensaft
Backpapier zum Abdecken

Steckrüben schälen, in 1 cm dicke Scheiben schneiden. Rosmarinzweige waschen und in Stücke brechen. Gratinform buttern, Steckrüben hineinlegen, salzen und pfeffern. Backofen auf 200° vorheizen.

Honig, 1 EL Butter, Zitronensaft und Rosmarin erwärmen und über die Steckrüben träufeln. Form mit Backpapier abdecken und im Backofen (Mitte, Umluft 175°) 1 Std. backen. Nach 1 Std. Backpapier und Rosmarin entfernen. Steckrüben mit der restlichen Butter bestreichen und 15 Min. weiterbacken, bis sie leicht braun sind.

HERBST REZEPTE

Kürbissuppe

Zubereitungszeit: 50 Min.
Pro Portion ca.: 435 kcal

Zutaten für 4 Personen:
4 Hokkaido-Kürbisse (à ca. 500 g)
1 Zwiebel, 300 g Kartoffeln
2 EL Öl, 3/4 l Gemüsebrühe
200 g Sahne
Salz, Pfeffer, Muskat, Zucker
4 EL Crème fraîche
Öl zum Braten

Für 4 »Suppenterrinen« Kürbisse waschen, Deckel abschneiden. Kerne entfernen, Fruchtfleisch vorsichtig herauslösen und zur Seite stellen. Kürbisse und Deckel an den Schnittseiten in heißem Öl anbraten, dann im Backofen bei 150° (Umluft 120°) warm stellen.

Inzwischen für die Suppe die Zwiebel und die Kartoffeln schälen und klein schneiden. Das Kürbisfruchtfleisch grob zerkleinern. Die Zwiebel in Öl glasig dünsten, Kartoffeln und Kürbisfleisch kurz mitdünsten und mit der Gemüsebrühe auffüllen. Gemüse in 15–20 Min. weich kochen, Sahne einrühren und Suppe mit Salz, Pfeffer, Muskat und Zucker abschmecken. Suppe in den Kürbissen anrichten, mit je 1 Klecks Crème fraîche servieren.

Kürbisküchlein

Zubereitungszeit: 45 Min.
Pro Portion ca.: 200 kcal

Zutaten für 4 Personen:
1 Stück Kürbis (ca. 600 g)
600 g Kartoffeln, 1/2 Bund Thymian
3 Eier, 3 EL Mehl
Salz, Pfeffer, Muskat
Öl zum Braten

Den Kürbis putzen und schälen. Die Kartoffeln waschen und schälen. Den Thymian waschen, Blättchen abstreifen.

Kartoffeln und Kürbis raspeln, mit Thymian, Eiern und Mehl mischen und mit Salz, Pfeffer und Muskat würzen. Öl in einer Pfanne erhitzen. Mit einem Löffel Küchlein in die Pfanne setzen. Bei mittlerer Hitze in 4–5 Min. goldbraun braten, wenden und weitere 4–5 Min. braten. Herausnehmen und auf Küchenpapier abfetten lassen. Dazu passt Blattsalat.

Süße Kürbis-Nudeltäschchen

Zubereitungszeit: 1 Std. 15 Min.
Ruhezeit: 1 Std.
Pro Portion ca.: 705 kcal

Zutaten für 4 Personen:
1 Grundrezept Nudelteig (Seite 72)
1 Stück Kürbis (ca. 300 g)
3 EL Walnusskerne, 3 Eigelb
1 TL abgeriebene Orangenschale
75 g Semmelbrösel
2 EL Honig, 1 Prise gemahlener Ingwer
1 Ei, 2 EL Butter
1/2 TL Zimtpulver, 1–2 EL Zucker

Nudelteig nach dem Grundrezept zubereiten und ruhen lassen. Inzwischen den Kürbis putzen, schälen und grob zerteilen. Fruchtfleisch in Wasser in 15 Min. weich kochen, abgießen, pürieren und mindestens 10 Min. abkühlen lassen. Walnusskerne hacken. Das Kürbispüree mit Walnusskernen, Eigelben, Orangenschale, Semmelbröseln, Honig und Ingwer mischen und abschmecken.

Den Nudelteig zu zwei dünnen Teigplatten ausrollen. Eine Teigplatte im Abstand von ca. 5 cm mit je 1 TL Füllung belegen. Das Ei verquirlen, die Zwischenräume damit bestreichen. Die andere Teigplatte darüber legen und zwischen den Füllungen gut andrücken. Mit einem Teigrädchen Quadrate ausrädeln.

Gefüllte Nudeln in reichlich kochendem Salzwasser in 4–6 Min. bissfest kochen, abgießen und in Butter schwenken. Zimt und Zucker mischen und über die Teigtäschchen streuen.

Als Füllung für süße Nudeltäschchen eignen sich – je nach Saison – auch Äpfel, Birnen, Zwetschgen, Aprikosen, Nussmischungen oder Rote Bete.

HERBST REZEPTE

Eingelegte Zwiebeln

Zubereitungszeit: 40 Min.
Marinierzeit: 12 Std.
Pro Portion ca.: 130 kcal

Zutaten für 4 Personen:
500 g Schalotten oder andere kleine Zwiebeln
2 EL Sonnenblumenöl
1 Zimtstange
3 Nelken
1 TL Pfefferkörner
Salz
2 EL Honig
1/8 l Gemüsebrühe
300 ml Rotweinessig

Die Schalotten schälen und im Sonnenblumenöl in 8–10 Min. goldbraun braten. Die Zimtstange, Nelken und die Pfefferkörner dazugeben und mit Salz würzen. Den Honig zu den Zwiebeln geben. Zwiebeln unter ständigem Rühren in 4–5 Min. glasieren.

Gemüsebrühe angießen und die Zwiebeln in 8–10 Min. weich kochen. Die Brühe soll vollständig einkochen. Die heißen Zwiebeln mit Essig übergießen und 12 Std. darin durchziehen lassen. Mit Zimmertemperatur servieren. Halten sich im Kühlschrank ca. 2 Wochen.

Variante: Zwiebelgemüse
500 g Schalotten oder Zwiebeln in große Stücke schneiden, in Sonnenblumenöl 10 Min. braten und mit Zimtstange, Nelken, Pfefferkörnern und Salz würzen. 2 EL Honig dazugeben und Schalotten in 4–6 Min. glasieren. Passt zu gebratenem Fleisch.

Variante: Zwiebelmus
500 g Schalotten oder rote Zwiebeln schälen und grob hacken. In 2 EL Sonnenblumenöl glasig dünsten, mit 2 EL Honig und 1 EL getrocknetem Oregano würzen. Mit 1/2 l Weißwein ablöschen und 25–30 Min. einkochen lassen. Dann alles pürieren, mit Salz und Pfeffer abschmecken und dick auf geröstete Weißbrotscheiben streichen.

Lauch mit Sahnemorcheln

Zubereitungszeit: 30 Min.
Pro Portion ca.: 280 kcal

Zutaten für 4 Personen:
20 g getrocknete Morcheln
1 kg Lauch
Salz
2 1/2 EL Butter
100 ml Geflügelbrühe
200 g Sahne
Salz, Pfeffer
2 Eier

Die Pilze in warmem Wasser 15 Min. einweichen. Grüne Lauchteile abschneiden und anderweitig verwenden. Weiße Teile putzen, längs aufschneiden, gründlich waschen und in ca. 4 cm lange Stücke schneiden. In sprudelnd kochendem Salzwasser 3 Min blanchieren.

Eine Auflaufform buttern. Backofen auf 200° vorheizen. Morcheln abgießen und längs halbieren. Restliche Butter in einer großen Pfanne zerlassen, Morcheln darin 4–6 Min. dünsten. 100 ml Brühe dazugießen und leise weiterkochen, bis die Flüssigkeit fast verdampft ist. Pfanne vom Herd nehmen. Sahne dazugießen, Morcheln umrühren, salzen, pfeffern und kurz ziehen lassen. Die Eier verquirlen und unterrühren.

Lauch in die Form legen und mit der Morchelsahne übergießen. Im Backofen (Mitte, Umluft 170°) in 30 Min. goldbraun backen. Mit Salat und Weißbrot servieren.

Variante: Lauch-Morchel-Gemüse
Dafür Morcheln und Lauch zusammen in der Butter dünsten, die Sahne dazugießen und einkochen lassen. Die Eier weglassen. Gemüse mit Salz, Pfeffer und frisch gehackten Kräutern würzen.

Lauch ist ein sehr anpassungsfähiges Gemüse, er schmeckt mit Sahnemorcheln ebenso gut wie in einer deftigen Kartoffelsuppe mit Speck.

Saatkartoffeln müssen bereits Keime ausgetrieben haben, um optimal angehen zu können (links). Auch wenn die Kartoffelsetzmaschine die Arbeit erleichtert: Ohne Handarbeit geht auch hier nichts.

Auf manchen Wochenmärkten gibt es Stände, an denen nur Kartoffeln angeboten werden, so vielfältig ist das Angebot.

Kartoffeln
Die tollen Knollen

Vorbei sind die Zeiten, in denen es beim Gemüsehändler nur alte oder neue Kartoffeln gab. Heute werden – vor allem im Bioanbau – Dutzende verschiedener Sorten angeboten, mit hervorragendem Geschmack.

Trotz der relativ kurzen Anwesenheit auf unserem Kontinent hat das Nachtschattengewächs schon allerhand erlebt. Nachdem die Spanier die Kartoffel im 16. Jahrhundert aus Südamerika nach Europa gebracht hatten, galt sie zunächst als Zierpflanze. Erst 200 Jahre später setzte Friedrich der Große per Order die Kartoffel als Lebensmittel durch. Dazu benutzte er eine für heutige Begriffe geniale Marketingstrategie: Er ließ die angebauten Pflanzen streng bewachen und erregte so die Gier der bis dahin skeptischen Bauern. Die Rechnung ging auf: Die hungernden Menschen stahlen die Pflanzen von den Feldern und wurden so mit den nährstoffreichen Knollen bekannt. Die Kartoffel wurde zum Volksnahrungsmittel.

Aufstieg der Knolle

Auch danach setzte sich die wechselvolle Geschichte des vitaminreichen Knollengemüses bis auf den heutigen Tag fort. Waren Pellkartoffel mit Hering und Quark lange Zeit ein Arme-Leute-Essen, so findet sich das Gericht inzwischen auf Speisekarten von Sternerestaurants. Manche dieser Gastro-Tempel werden von einem Mann beliefert, der sich die Produktion von Edelkartoffeln zum Lebensziel gemacht hat. Auf seinem Haaghof lässt Walter Kress alte Kartoffelsorten wie »Bamberger Hörnchen«, »Ajanhuiris« oder »Ackersegen« wieder aufleben, in biologischer Anbauweise, versteht sich. Die wachsen auf seinen Feldern ohne chemische Düngung, können Geschmack entwickeln und werden von Hand geerntet. Denn auf Grund ihrer unterschiedlichen Größen sind sie für eine maschinelle Lese nicht geeignet.

Daneben nimmt sich der Kartoffelguru aus Hardthausen bei Heilbronn noch die Zeit und wirbt auf Tagungen und Messen für die Kartoffel als Kulturträger und kämpft gegen Vorurteile. Etwa, dass zu Spargel unbedingt neue Kartoffeln gehören. Bei ihm zu Hause gibt's dazu die aus dem Vorjahr, denn – so Walter Kress – »Kartoffeln sind da wie Wein, ihr Geschmack verbessert sich durchs Lagern«.

HERBST KARTOFFELN

Kartoffelbauer Walter Kreß erklärt seinem 8-jährigen Sohn Friedemann den Anbau.

Die Kartoffelpflanze treibt die schönsten Blüten, die allerdings nicht genießbar sind.

Wertvolle Inhaltsstoffe

Das Gute an der Kartoffel sind neben ihrem Geschmack ihre Inhaltsstoffe. Die bestehen neben einer Menge Kohlehydraten aus Vitaminen (C, B1, B2), essenziellen Aminosäuren (Lysin), hochwertigem Eiweiß, Ballaststoffen, Spurenelementen (Magnesium, Kalium, Eisen, Phosphor) und reichlich Wasser (78 %). Und der Brennwert ist schön niedrig: nur 71 kcal pro 100 Gramm. Genuss bereitet die Knolle jedoch nur dann, wenn sie vorher gekocht, gebraten, geschmort oder gedämpft wurde; im Gegensatz zu den meisten Gemüsen mag sie roh niemand verzehren. Schuld ist die enthaltene Stärke, die auf Grund ihrer Korngröße den Angriff der Verdauungsenzyme spielend übersteht: Sie würde unverdaut wieder ausgeschieden. Die Kochhitze bricht die Stärkezellen auf, erst so können sie verdaut werden.

Riesige Auswahl

Mehr als 400 Namen (meist weibliche Vornamen) umfasst das Register der bei uns angebauten Sorten, die zunächst ihrer Verwendung nach unterschieden werden: »Mehlig kochende« Sorten (Aula, Karlena, Likaria) sind eher für Pürees, Suppen und Klöße geeignet, während »vorwiegend fest kochende« (Quarta, Sekura, Solara) gerne als Salzkartoffel, Pellkartoffel und für Eintöpfe genommen werden. Für Salate, Bratkartoffeln und Rösti ist man mit der speckigen »fest kochenden« Variante (Ditta, Selma, Nicola) besser bedient. Mehlig oder fest kochend ist eine Frage der Kartoffelstärke: Bei den mehligen Sorten ist der Stärkeanteil am höchsten. Ein weiteres Unterscheidungskriterium ist der Erntetermin, der sich, je nach Sorte zwischen Juli (Frühkartoffel) und Oktober (Spätkartoffel) bewegt. Mittelfrühe und späte Sorten lassen sich gut lagern, darum ist das Angebot das ganze Jahr vielfältig.

Kühles Klima für Kartoffeln

Für Kartoffelfans, die sich Nicola, Quarta oder Likaria beim Bauern gleich säckeweise kaufen, gilt: Kartoffeln gehören in den Keller. Und zwar dorthin, wo es dunkel, luftig und kühl ist, am besten in eine spezielle Lattenkiste, an der man unten bequem die Portionen entnehmen kann. Auf falsche Lagerung reagieren Kartoffeln, indem sie Keime austreiben, die das giftige Solanin enthalten. Vorsicht auch vor Knollen mit Grünfärbung: Die haben zu lange im Licht gelegen und ebenfalls das giftige Solanin entwickelt und dürfen nicht mehr gegessen werden.

Aufläufe und Gratins lassen sich dekorativ in kleinen Portionsförmchen zubereiten. Backzeit dann etwas verkürzen.

Einfach variantenreich *ist Kartoffelgratin: Mit frischem Salat serviert wird aus der Beilage eine Hauptmahlzeit für 2 Personen. Edel: Getrocknete, eingeweichte Steinpilze zwischen die Kartoffeln streuen. Oder abwechselnd Lagen von Kartoffeln und Zwiebeln, Fenchel oder Tomaten in die Form schichten.*

HERBST REZEPTE

Kartoffelgratin

Zubereitungszeit: 20 Min.
Backzeit: 25–35 Min.
Pro Portion ca.: 280 kcal

Zutaten für 4 Personen:
750 g mehlig kochende Kartoffeln
Salz, Pfeffer
200 g Sahne
1/8 l Milch (nach Belieben)
Butter für die Form

Kartoffeln waschen, schälen und fein hobeln. Eine Gratinform buttern. Backofen auf 200° vorheizen.

Die Kartoffelscheiben lagenweise (nicht zu hoch, 3 Lagen sind genug) in die Form schichten, jede Lage leicht salzen und pfeffern. Sahne darüber gießen. Die Kartoffeln sollten knapp bedeckt sein. Bei Bedarf noch Milch angießen.

Kartoffelgratin im vorgeheizten Backofen (Mitte, Umluft 180°) in 25–35 Min. goldbraun backen. Mit der Gabel prüfen, ob die Kartoffeln weich sind. Passt als Beilage zu Fleisch und Fischgerichten.

TIPP

Schneller garen die Kartoffeln im Backofen, wenn Sie nur 1 Lage in die Form einschichten oder Milch und Sahne zuerst erhitzen und dann heiß über die Kartoffeln gießen.

Kartoffelauflauf

Zubereitungszeit: 45 Min.
Backzeit: 30–35 Min.
Pro Portion ca.: 390 kcal

Zutaten für 4 Personen:
750 g fest kochende Kartoffeln
2 Stangen Staudensellerie
2 dünne Stangen Lauch
3 Möhren
Salz
150 g Schweinemett
2 EL frisch gehackter Oregano
Pfeffer
150 g Sahne
1 Ei
50 g geriebener Emmentaler
Muskat
1 1/2 EL Butter

Kartoffeln mit Schale in 20–30 Min. weich kochen, abgießen, pellen und in Scheiben schneiden.

Inzwischen in einem zweiten Topf reichlich Wasser zum Kochen bringen. Staudensellerie und Lauch waschen und putzen, Möhren schälen. Sellerie und Möhren in Scheibchen, Lauch in etwas dickere Ringe schneiden. Gemüse in reichlich kochendem Salzwasser 3–5 Min. blanchieren, kalt abschrecken und abtropfen lassen. Backofen auf 180° vorheizen.

Mett mit Oregano, Salz und Pfeffer würzen. Sahne mit Ei und Emmentaler verrühren, mit Salz, Pfeffer und Muskat würzen.

Eine Auflaufform oder vier kleine Förmchen leicht buttern. Kartoffelscheiben, Gemüse und Mett abwechselnd einschichten, jeweils leicht mit Salz und Pfeffer würzen. Als oberste Schicht Kartoffelscheiben dachziegelartig auflegen. Sahnemischung über den Auflauf gießen. Restliche Butter in Flöckchen darauf setzen. Auflauf im Backofen (Mitte, Umluft 160°) 30–35 Min. backen.

Haselnusskerne in einer Pfanne unter Rühren anrösten. So bekommen sie noch mehr Aroma.

Nach Belieben Rosmarin oder andere Kräuter mit verwenden.

Kartoffel-Lauch-Suppe

Zubereitungszeit: 50 Min.
Pro Portion ca.: 350 kcal

Zutaten für 4 Personen:
300 g mehlig kochende Kartoffeln
1 Zwiebel, 2 Stangen Lauch
1 EL Butter, 1 l Gemüsebrühe
2 Lorbeerblätter
200 g Sahne
Salz, Pfeffer, Muskat
4 EL gehackte Haselnusskerne

Kartoffeln und Zwiebel schälen und würfeln. Lauch putzen, längs aufschneiden, waschen und in Streifen schneiden.

Die Zwiebel in Butter glasig dünsten, Kartoffeln dazugeben, 5 Min. mitdünsten und mit der Gemüsebrühe aufgießen. Gemüse mit Lorbeer in 20–25 Min. weich kochen.

Die Suppe pürieren, die Sahne und Lauch unterrühren und 5 Min. mitkochen lassen. Mit Salz, Pfeffer und Muskat abschmecken. Suppe mit Haselnüssen bestreut servieren.

Kartoffelsuppe

Zubereitungszeit: 35 Min.
Pro Portion ca.: 245 kcal

Zutaten für 4 Personen:
1 kg mehlig kochende Kartoffeln
1 Bund Suppengrün
50 g durchwachsener Räucherspeck
1 l Rinderbrühe
Salz, Pfeffer
2 Stängel Majoran

Kartoffeln waschen, schälen und in dicke Scheiben schneiden. Suppengrün putzen und fein würfeln. Speck würfeln und in einem Topf anbraten. Suppengemüse mitbraten. Kartoffeln und Brühe dazugeben, aufkochen und zugedeckt bei mittlerer Hitze 15–20 Min. kochen, bis die Kartoffeln weich sind.

Kartoffeln im Topf mit einem Kartoffelstampfer zum Teil zerdrücken. Suppe mit Salz und Pfeffer abschmecken. Majoran waschen, Blättchen abzupfen und über die Suppe streuen. Dazu passen geröstete Brotwürfel oder Wiener Würstchen.

Kartoffeln vom Blech

Zubereitungszeit: 10 Min.
Backzeit: 20–25 Min.
Pro Portion ca.: 220 kcal

Zutaten für 4 Personen:
1 kg möglichst gleich große, vorwiegend fest kochende Kartoffeln
2 EL Öl, 1 EL Kümmel
1 EL grobes Salz

Die Kartoffeln unter fließendem Wasser gründlich bürsten, längs halbieren. Backofen auf 200° vorheizen.

Backblech mit Öl fetten, Kümmel und Salz darauf streuen. Kartoffeln mit der Schnittfläche darauf setzen und im Backofen (Mitte, Umluft 170°) 20-25 Min. backen.

Dazu: Kräuterquark
500 g Quark mit Mineralwasser cremig rühren, 1 großes Bund gemischte Kräuter und 4 Frühlingszwiebeln waschen,, fein schneiden und unter den Quark rühren. Mit Salz und Pfeffer würzen.

HERBST REZEPTE

Puffer mit Blutwurst

Zubereitungszeit: 40 Min.
Pro Portion ca.: 200 kcal

Zutaten für 4 Personen:
1 Apfel
500–600 g mehlig kochende Kartoffeln
1 Zwiebel
Salz, Pfeffer, 2 EL Butter
150 g feste Blutwurst, 1 EL Mehl

Apfel waschen, Kartoffeln und Zwiebel schälen, alles fein raspeln. Im Sieb abtropfen lassen, ausdrücken, salzen und pfeffern. Butter in einer Pfanne erhitzen. Teig darin portionsweise bei mittlerer Hitze in 4–5 Min. goldbraun braten, vorsichtig wenden und weitere 4–5 Min. braten. Fertige Puffer warm halten, z. B. im Backofen bei 50°.

Blutwurst in 1 cm dicke Scheiben schneiden, im Mehl wenden. Restliche Butter erhitzen und die Scheiben von beiden Seiten je 1–2 Min. braten. Puffer und Blutwurst mit einem grünen Salat mit Kräutervinaigrette servieren.

Bratkartoffeln

Zubereitungszeit: 30 Min.
Kochzeit: 30–40 Min. (+ Abkühlzeit)
Pro Portion ca.: 210 kcal

Zutaten für 4 Personen:
800 g fest kochende Kartoffeln
2 Zwiebeln
4 EL Öl
Salz, Pfeffer
1 TL Kümmel

Die Kartoffeln waschen und mit Schale in 20–30 Min. weich kochen, abgießen, pellen, abkühlen lassen und in feine Scheiben schneiden.

Die Zwiebeln schälen und in Ringe schneiden. Die Kartoffeln und die Zwiebeln in heißem Öl von allen Seiten bei starker Hitze goldbraun braten. Mit Salz, Pfeffer und Kümmel würzen.

Kartoffelklöße

Zubereitungszeit: 1 Std. 45 Min.
Pro Portion ca.: 280 kcal

Zutaten für 4 Personen:
1,5 kg mehlig kochende Kartoffeln
2 Eigelbe
4 EL Kartoffelstärke, Salz

Die Kartoffeln waschen und mit Schale in 20–30 Min. weich kochen. Inzwischen den Backofen auf 200° (Umluft 180°) vorheizen. Die Kartoffeln pellen, in große Stücke teilen, auf einem Backblech verteilen und 20 Min. im Backofen backen, bis die Kartoffelstücke braune Ecken bekommen. Dann Kartoffeln herausnehmen und durch die Kartoffelpresse drücken.

Eigelbe, Kartoffelstärke und Salz untermischen. Aus der Masse einen Probekloß formen und in sprudelnd kochendes Salzwasser einlegen. Die Hitze reduzieren und den Kloß 20 Min. ziehen lassen. Wenn das Ergebnis gut war, aus dem restlichen Kartoffelteig Klöße formen und diese wie den Probekloß garen. Falls nicht, eventuell noch Kartoffelstärke zum Kartoffelteig geben und erneut probieren.

Brathähnchen

Zubereitungszeit: 10 Min.
Garzeit: 55 Min.
Bei 3 Personen pro Portion ca.: 460 kcal

Zutaten für 2–3 Personen:
1 EL Paprikapulver edelsüß
Salz, Pfeffer
1 Hähnchen (ca. 1,2 kg, küchenfertig vorbereitet)
4 Stängel Petersilie
2 EL Butter

Den Backofen auf 220° (Umluft 200°) vorheizen. Das Paprikapulver mit Salz und Pfeffer vermischen und das Hähnchen damit gut einreiben, auch innen würzen. Die Petersilie waschen, trockenschütteln und zusammen mit der Butter in die Bauchhöhle stecken.

Einen Rost in eine Fettpfanne legen und das Hähnchen darauf setzen. Mit der Brustseite nach oben in den Backofen schieben und 15 Min. braten. Die Hitze auf 180° (Umluft 160°) reduzieren und das Hähnchen 40 Min. weiterbraten. Gegen Ende der Garzeit die Garprobe machen: Das Brathähnchen vorne leicht anheben, so dass Fleischsaft aus der Bauchhöhle fließen kann. Ist der Saft klar, ist das Hähnchen fertig. Bei trübem oder rötlichem Fleischsaft Hähnchen noch 10–15 Min. weiterbraten, dann die Garprobe wiederholen.

Fertiges Hähnchen aus dem Ofen nehmen, mit einer Geflügelschere portionieren und anrichten. Dazu passt Kartoffelsalat mit Endivien (Variante Seite 133).

TIPP

Die Fettpfanne dick mit Salz ausstreuen. Das Salz saugt tropfendes Fett beim Braten auf.

Hähnchenbrust in Butter

Zubereitungszeit: 20 Min.
Pro Portion ca.: 220 kcal

Zutaten für 4 Personen:
4 Hähnchenbrustfilets (à ca. 150 g)
Salz, Pfeffer
2–3 EL Butter

Die Hähnchenbrustfilets abspülen, trockentupfen und von Sehnen und Häuten befreien. Mit Salz und Pfeffer kräftig würzen.

Die Butter in einer Pfanne erhitzen, das Fleisch von allen Seiten anbraten. Hitze reduzieren und Fleisch 8–10 Min. sanft weiterbraten, bis das Fleisch gar ist.

Varianten:

Nach der Hälfte der Garzeit etwas Zitronensaft über das Fleisch träufeln. Zum Schluss eine Mischung aus fein gehackter Petersilie, abgeriebener Zitronenschale und fein gehacktem Knoblauch in die Pfanne geben und kurz in der Butter schwenken.

Oder Hähnchenfleisch zusätzlich mit Curry würzen – je nach Geschmack scharf oder mild.

Knoblauchzehen – Anzahl nach Geschmack – schälen, in Scheiben schneiden und nach dem Anbraten mitbraten.

Zwiebeln schälen, in Spalten schneiden und mit anbraten, mit einem Schuss Sherry, Weißwein oder Sahne ablöschen und weitergaren.

Zur gebratenen Hähnchenbrust passt ein frischer Salat oder Gemüse der Saison.

Hühnersuppe wird gehaltvoller, wenn in der Brühe feine Nudeln gegart werden. Auch mit Eierstich oder Pfannkuchenstreifen ist sie gut.

Hühnerfrikassee, *ganz klassisch:* 2 EL Butter in einer tiefen Pfanne erhitzen, 2 EL Mehl einstreuen und aufschäumen, aber nicht braun werden lassen. 3/4 l kalte Hühnerbrühe dazugießen und unter Rühren aufkochen. 100 g Sahne dazugießen und 5 Min. leise kochen lassen. Wenn die Sauce zu dick wird, noch etwas Brühe dazugießen. Mit Salz und Cayennepfeffer würzen. Mit etwas abgeriebener Zitronenschale abschmecken. Das ausgelöste Hühnerfleisch darin erwärmen. Wer mag, kann 1-2 EL kleine Kapern mit in die Sauce geben. Das Frikassee mit Reis servieren.

HERBST REZEPTE

Hühnersuppe

Zubereitungszeit: 40 Min.
Garzeit: 1 Std. 30 Min.
Bei 6 Personen pro Portion ca.: 495 kcal

Zutaten für 4–6 Personen:
1 Suppenhuhn (ca. 1,5 kg)
3 Möhren
4 Stangen Staudensellerie
1 Zwiebel
1 Lorbeerblatt
2 Zweige Bohnenkraut
1 TL schwarze Pfefferkörner
1/2 TL Pimentkörner
1 Bund Schnittlauch
Salz
Cayennepfeffer

Das Suppenhuhn innen und außen waschen, in einen
großen Topf geben und mit kaltem Wasser bedecken. Für
die Brühe 2 Möhren, 2 Selleriestangen und die Zwiebel
waschen, putzen und in grobe Stücke schneiden. Mit dem
Lorbeerblatt, dem Bohnenkraut, Pfeffer- und Pimentkörnern zum Huhn geben. Langsam bis kurz vor dem
Siedepunkt erhitzen und das Huhn 1 1/2 Std. bei schwacher bis mittlerer Hitze gar ziehen lassen.

Das Huhn herausnehmen, die Brühe durch ein Sieb gießen und entfetten. Schnittlauch waschen und in Röllchen
schneiden. Die restliche Möhre schälen, die übrigen Selleriestangen waschen und putzen. Beides in feine Streifen
schneiden und in der Brühe in 5–8 Min. bissfest garen.

Inzwischen Hühnerfleisch von den Knochen lösen,
in mundgerechte Stücke teilen und erneut in der Brühe
erhitzen. Die Suppe mit Salz und Cayennepfeffer abschmecken, auf Teller verteilen und mit Schnittlauchröllchen bestreuen.

Hühnerlebercreme

Zubereitungszeit: 40 Min.
Ruhezeit: 1–2 Std.
Pro Portion ca.: 285 kcal

Zutaten für 4 Personen:
250 g Hühner- oder Geflügellebern
2 Schalotten
1 EL Butter
50 ml Sherry oder Cognac
Salz, Pfeffer
100 g Sahne
50 g Walnusskerne

Die Lebern abspülen, trockentupfen, von Häuten und
Sehnen befreien. Schalotten schälen, in feine Würfel
schneiden.

Butter in der Pfanne erhitzen, Schalotten anbraten,
Lebern dazugeben. Beides bei mittlerer Hitze 4–6 Min.
garen. Mit Sherry ablöschen und weiterbraten, bis die
Flüssigkeit verdampft ist. Mit Salz und Pfeffer würzen.
Abkühlen lassen.

Die Lebern mit etwas Sahne pürieren, dabei Sahne nach
und nach zugießen, bis die Masse dickflüssig ist (sie wird
beim Abkühlen fester).

Die Walnusskerne grob hacken und unter die Masse
rühren. Alles in eine Schale oder eine kleine Terrinenform
füllen und im Kühlschrank in 1–2 Std. durchkühlen und
fest werden lassen.

Varianten:
Statt der Walnüsse grünen Pfeffer untermischen.
Mit den Lebern einen klein gewürfelten Apfel anbraten,
mit Calvados ablöschen.

Grünkernrisotto nach Belieben mit Streifen von getrockneten, in Öl eingelegten Tomaten garnieren.

Pfifferlinge werden in der Saison auf jedem Markt angeboten. Wer Glück hat, findet sie auch beim Waldspaziergang.

Grünkernrisotto mit Pilzen

Zubereitungszeit: 40 Min.
Pro Portion ca.: 565 kcal

Zutaten für 4 Personen:
250 g Grünkern
600–800 ml Gemüsebrühe
10 g getrocknete Steinpilze
300 g Shiitake, 2 Zweige Thymian
2 EL Butter, 100 g Crème fraîche
Salz, Pfeffer
1–2 EL Zitronensaft

Grünkern mit 600 ml Brühe und Steinpilzen aufkochen, dann zugedeckt bei schwacher Hitze 30 Min. garen. Falls nötig, noch Brühe dazugießen.

Inzwischen Pilze putzen und halbieren. Thymian waschen, Blättchen abstreifen. Butter in einer großen Pfanne erhitzen, Pilze darin anbraten. Sind sie sehr trocken, 100 ml Brühe dazugießen und 8–10 Min. dünsten. Crème fraîche unterrühren, salzen und pfeffern. Gegarten Grünkern untermischen, Gericht mit Zitronensaft abschmecken und mit Thymian bestreuen.

Salat mit Kräutersaitlingen

Zubereitungszeit: 30 Min.
Marinierzeit: 30 Min.
Pro Portion ca.: 200 kcal

Zutaten für 4 Personen:
500 g Kräutersaitlinge
200 g blaue Trauben
4 EL Haselnusskerne
2 EL Sonnenblumenöl
3 EL Rotweinessig
2 EL Haselnussöl
Salz, Pfeffer

Die Kräutersaitlinge putzen, größere Pilze halbieren. Die Trauben waschen, abzupfen, halbieren und die Kerne entfernen. Die Haselnusskerne grob hacken und in einer trockenen Pfanne goldbraun rösten.

Die Kräutersaitlinge im Sonnenblumenöl bei starker Hitze anbraten.

Die Trauben, Haselnüsse und die Kräutersaitlinge mit Rotweinessig, Haselnussöl, Salz und Pfeffer mischen und 30 Min. marinieren lassen, abschmecken. Mit Zimmertemperatur servieren.

Waldpilze in Sahne

Zubereitungszeit: 30 Min.
Pro Portion ca.: 460 kcal

Zutaten für 4 Personen:
800 g Waldpilze (z.B. Pfifferlinge oder Steinpilze)
1 Zwiebel
1 Bund Petersilie
2 EL Butter
1/4 l Weißwein
200 g Sahne
200 g Crème fraîche
Salz, Pfeffer

Die Pilze putzen. Größere Pilze in Scheiben schneiden. Die Zwiebel schälen und fein würfeln. Die Petersilie waschen, Blättchen fein hacken.

Die Zwiebel in der Butter glasig dünsten. Die Pilze dazugeben, 4–6 Min. mitdünsten, mit Weißwein ablöschen und einkochen lassen. Die Sahne und Crème fraîche unterrühren, nochmals 4–6 Min. kochen lassen und mit Salz und Pfeffer abschmecken. Mit Petersilie bestreut servieren. Dazu passen Semmelknödel.

HERBST REZEPTE

Marinierte Pilze

Zubereitungszeit: 35 Min.
Pro Glas ca.: 180 kcal

Zutaten für 3 Gläser
(à ca. 1/4 l Inhalt):
500 g Austernpilze (ersatzweise
Champignons oder andere Zuchtpilze)
2 Knoblauchzehen
2 Zweige Rosmarin
100 ml Weißweinessig
4 EL Sonnenblumenöl
Salz
2 getrocknete Chilischoten
1 TL Fenchelsamen

Austernpilze putzen, in Streifen teilen. Knoblauch schälen und in Stifte schneiden. Rosmarin waschen.

Essig und Öl mit 1/2 l Wasser, 2 TL Salz und allen Gewürzen und Kräutern aufkochen und 3 Min. leise kochen lassen. Die Pilze dazugeben und 10 Min. garen. Pilze mit Marinade in sterilisierte Twist-off-Gläser füllen und sofort verschließen. Halten sich etwa 6 Monate.

Klare Pilzsuppe

Zubereitungszeit: 40 Min.
Garzeit: 2 Std.
Pro Portion ca.: 480 kcal

Zutaten für 4 Personen:
500 g Champignons
10 g getrocknete Steinpilze
Salz, 2 Zweige Thymian
1 l Gemüsebrühe
1 Lorbeerblatt
3 Pimentkörner
1/2 TL schwarze Pfefferkörner
Pfeffer, 2 EL Portwein

Champignons putzen. 5 schöne Hüte beiseite legen, Rest fein hacken oder hobeln. Steinpilze zerkrümeln und mit 1/2 TL Salz unter die Pilze mischen. Thymian waschen und trockenschütteln.

Gemüsebrühe mit Thymianzweigen, Lorbeer, Piment- und Pfefferkörnern erhitzen, Pilzmischung dazugeben und 2 Std. leise kochen lassen. Durch ein mit einem Tuch ausgelegtes Sieb abgießen. Pilze gut ausdrücken. Die Brühe mit Salz, Pfeffer und Portwein abschmecken. Die restlichen Pilze fein hobeln und in der Brühe servieren.

Pilze mit Ei

Zubereitungszeit: 30 Min.
Pro Portion ca.: 325 kcal

Zutaten für 4 Personen:
800 g gemischte Pilze (z. B. Egerlinge, Champignons und Shiitake)
1 Bund Petersilie
8 Eier
4 EL Sahne
Salz, Pfeffer
1 Zwiebel
3 EL Butter

Die Pilze putzen und in Scheiben schneiden. Die Petersilie waschen, trockenschütteln und die Blättchen fein hacken. Die Eier mit der Sahne, Salz, Pfeffer und Petersilie verquirlen.

Die Zwiebel schälen, fein würfeln und in der Butter glasig dünsten. Die Pilze dazugeben und 8–10 Min. mitdünsten, bis diese gar sind. Dann die Pilze mit Salz und Pfeffer würzen.

Das Ei über die Pilze gießen, stocken lassen und das Omelett sofort servieren. Dazu passen Blattsalate.

HERBST REZEPTE

Apfel-Meerrettich-Suppe

Zubereitungszeit: 40 Min.
Pro Portion ca.: 315 kcal

Zutaten für 4 Personen:
2 Äpfel, 1 Bund Schnittlauch
1 Zwiebel, 1 EL Butter
3/4 l Gemüsebrühe
4 Scheiben Toastbrot
200 g Sahne
Salz, Pfeffer, Zucker
1/4–1/2 Stange Meerrettich
8 getrocknete oder gebratene Apfelringe
(Tipp)

Die Äpfel schälen, putzen und raspeln. Den Schnittlauch waschen und in Röllchen schneiden. Die Zwiebel schälen, würfeln und in der Butter glasig dünsten. Die Hälfte der Äpfel dazugeben, mit Gemüsebrühe aufgießen und 10 Min. kochen lassen.

Vom Toastbrot die Rinde abschneiden, das Brot mit der Sahne in die Suppe geben. Alles weitere 5 Min. kochen lassen und dann pürieren. Mit Salz, Pfeffer und Zucker abschmecken.

Vor dem Servieren den Meerrettich schälen, fein reiben und zusammen mit den restlichen Äpfeln und dem Schnittlauch in die Suppe rühren. Einmal aufkochen lassen und Suppe nach Belieben mit Apfelringen garnieren.

TIPP

Für **Apfelringe** Äpfel waschen. Kernhaus mit einem Kernhausausstecher entfernen. Äpfel quer in 5 mm dünne Ringe hobeln oder schneiden. Entweder Ringe 3–4 Min. in Butter braten und mit grob gemahlenem Pfeffer würzen. Oder Ringe nebeneinander auf ein Tuch legen und an einem warmen luftigen Ort 1–3 Tage trocknen.

Apfelkuchen mit Marzipan

Zubereitungszeit: 50 Min.
Ruhezeit: 1 Std.
Backzeit: 45 Min.
Bei 12 Stücken pro Stück ca.: 275 kcal

Zutaten für 1 Springform von 26 cm Ø:
Für den Teig:
100 g kalte Butter
200 g Weizenvollkornmehl
1 Ei, 80 g Zucker
Salz
Mehl für die Arbeitsfläche

Für die Füllung:
1 kg Äpfel (z. B. Boskop)
4 EL Zucker, 1/4 l Apfelsaft
50 g Mandelblättchen

Für den Guss:
200 g Marzipanrohmasse
1 Ei, 1/8 l Milch

Für den Teig die Butter in Würfel schneiden und schnell mit dem Mehl, Ei, Zucker und Salz zu einem Teig verkneten. Teig in Klarsichtfolie einpacken und 1 Std. im Kühlschrank ruhen lassen. Den Backofen auf 180° vorheizen. Eine Arbeitsfläche mit Mehl bestäuben, den Teig darauf ausrollen und in eine Springform einlegen, so dass ein 5 cm hoher Rand entsteht. Teig im Backofen (Mitte, Umluft 160°) 10 Min. backen.

Inzwischen für die Füllung die Äpfel schälen, vierteln, putzen und in Stücke schneiden. In einem Topf mit Zucker und Apfelsaft offen in 10 Min. weich kochen, dabei die Flüssigkeit einkochen lassen. Die Mandeln in einer trockenen Pfanne goldbraun rösten und mit den Äpfeln mischen. Die Füllung auf dem vorgebackenen Boden gleichmäßig verteilen.

Für den Guss Marzipan, Ei und Milch verrühren und gleichmäßig über den Äpfeln verteilen. Kuchen im Backofen (Mitte) in 45 Min. goldbraun backen.

Marzipan, Ei und Milch für den Guss lassen sich am besten mit dem Handrührgerät glatt rühren.

Die eingelegten Gemüse halten sich – kühl und dunkel gelagert – etwa 6 Monate.

Milchsauer einlegen
— diese Konservierungsmethode eignet sich nicht nur für die Sauerkrautherstellung. Auch Karotten, Kohlrabi, Rote Bete, Rettich, Zwiebeln, Blumenkohl und Bohnen können so haltbar gemacht werden. Gemüse in fingerdicke Stücke schneiden, in einen Gärtopf füllen, mit Salzwasser aufgießen (1 g Salz pro 100 g Gemüse), so dass es ganz vom Wasser bedeckt ist. Bei Zimmertemperatur abgedeckt stehen lassen. Durch die einsetzende Milchsäuregärung wird das Gemüse in 4-8 Wochen fermentiert und so konserviert.

HERBST REZEPTE

Süßsaure Paprika

Zubereitungszeit: 30 Min.
Pro Glas: 110 kcal

Zutaten für 3 Gläser (à ca. 450 ml Inhalt):
500 g kleine grüne und rote Spitzpaprika
2 Knoblauchzehen
150 ml Essig   *MEHR FLÜSSIGK.*
60 g Zucker
Salz
1 TL Pfefferkörner
NELKEN USW ROSMAR

Spitzpaprikaschoten waschen, Stielansätze abschneiden. Knoblauchzehen schälen.

Essig mit 350 ml Wasser, Zucker, 2 TL Salz und den Pfefferkörnern aufkochen und 10 Min. leise kochen lassen.

Paprikaschoten und Knoblauch dazugeben und 5 Min. im Sud sprudelnd kochen lassen. In sterilisierte Twist-off-Gläser füllen und sofort verschließen.

Senfgurken

Zubereitungszeit: 20 Min.
Marinierzeit: 24 Std.
Pro Glas: 240 kcal

Zutaten für 4 Gläser (à ca. 450 ml Inhalt):
1 kg gelbe große Gurken
1 Stück Meerrettich (ca. 5 cm)
1/2 l Apfelessig
150 g Zucker
5–6 Dilldolden (nach Belieben)
50 g Senfkörner
5 Lorbeerblätter

Die Gurken schälen, längs halbieren und die Kerne mit einem Löffel herauskratzen. Die Gurken quer in dicke Scheiben schneiden. Den Meerrettich schälen und in Scheiben schneiden.

Essig mit 1/2 l Wasser, Meerrettich, Zucker und den Gewürzen aufkochen und 5 Min. kochen lassen. Die Gurken dazugeben und einmal im Sud aufkochen. Anschließend 24 Std. darin ziehen lassen. Dann die Gurken herausheben und in sterilisierte Twist-off-Gläser füllen. Den Sud noch einmal aufkochen und über die Gurken gießen (sie müssen ganz davon bedeckt sein). Gläser sofort verschließen.

Knoblauch in Öl

Zubereitungszeit: 30 Min.
Pro Glas: 1040 kcal

Zutaten für 3 Gläser (à ca. 1/4 l Inhalt):
500 g Knoblauch
500 ml Rapsöl
3 Zweige Thymian
1 TL Koriandersamen

Knoblauch in Zehen teilen, Zehen ungeschält mit der flachen Messerklinge leicht anquetschen.

Öl mit Thymian und Koriander erhitzen, den Knoblauch dazugeben und bei schwacher Hitze 15 Min. leise kochen lassen. In sterilisierte Twist-off-Gläser füllen und sofort verschließen.

Den Knoblauch aus der Schale drücken und auf geröstetes Bauernbrot streichen, mit grobem Salz und Pfeffer bestreuen oder zu gegrilltem Fleisch reichen. Das Öl ist ein gutes Würzöl, z.B. für Salatsaucen.

117

Zwetschgendatschi

Zubereitungszeit: 50 Min.
Ruhezeit: insgesamt 1 Std. 20 Min.
Backzeit: 45 Min.
Bei 20 Stücken pro Stück ca.: 95 kcal

Zutaten für 1 Backblech:
250 g Mehl
1/2 Würfel Hefe
2 EL Zucker
1/8 l lauwarme Milch
2 EL Butter, 1 Ei
Schale von 1/2 unbehandelten Zitrone
Salz, 1 kg Zwetschgen
4 EL Semmelbrösel
Mehl für die Arbeitsfläche
Öl für das Blech

Mehl in eine Schüssel sieben, eine Mulde in die Mitte drücken. Die Hefe hineinbröckeln, 1 Prise Zucker dazugeben und mit der Milch zu einem flüssigen Vorteig verrühren. Teig abdecken und an einem warmen Ort 20 Min. gehen lassen. Inzwischen die Butter zerlassen.

Den Vorteig mit Ei, Zitronenschale, flüssiger Butter, dem restlichen Zucker und Salz mischen. Arbeitsfläche mit Mehl bestäuben. Teig darauf gut verkneten. Nochmals zugedeckt 1 Std. gehen lassen. Inzwischen die Zwetschgen waschen und entsteinen. Den Backofen auf 180° vorheizen.

Backblech mit Öl bepinseln und den Teig 1/2 cm dick darauf ausrollen. Den Teig mit den Semmelbröseln bestreuen und mit den Zwetschgen belegen. Den Kuchen nochmals 20 Min. gehen lassen, dann im Backofen (Mitte, Umluft 160°) in 45 Min. goldbraun backen.

Variante: Zwetschgenkuchen mit Streuseln

Für einen Streuselkuchen Teig und Zwetschgen wie oben beschrieben vorbereiten. Für die Streusel 100 g kalte Butter mit 100 g gemahlenen Mandeln, 100 g Mehl, 100 g Zucker und nach Belieben 1/2 TL Zimt schnell zu Streuseln verkneten, auf den Zwetschgen verteilen und backen.

Zwetschgenknödel

Zubereitungszeit: 1 Std.
Kartoffelteig: 1 Std. 15 Min.
Wartezeit: 45 Min.
Bei 8 Knödeln pro Stück ca.: 230 kcal

Zutaten für 4 Personen:
1 Rezept Kartoffelklöße (Seite 107)
8 Zwetschgen
8 Stücke Würfelzucker
4 EL Butter
6 EL Semmelbrösel
1 Prise Zimtpulver

Kartoffelteig, wie im Rezept für Kartoffelklöße beschrieben, zubereiten und einen Probeknödel machen.

Die Zwetschgen waschen, aufschneiden, entsteinen und die Würfelzuckerstücke in die Zwetschgen legen.

Aus dem Kartoffelteig acht Klöße formen, jeweils in die Mitte jedes Kloßes eine Zwetschge mit Würfelzucker legen und den Kloß verschließen. Zwetschgenknödel, wie im Rezept für Kartoffelklöße beschrieben, in reichlich Wasser garen.

Inzwischen die Butter schmelzen und mit den Semmelbröseln und dem Zimtpulver vermischen. Die Zwetschgenknödel heiß servieren und die Bröselbutter darüber streuen. Dazu passt Zwetschgenkompott.

Dazu: Zwetschgenkompott

800 g Zwetschgen waschen, entsteinen, mit 2–5 EL Zucker, 1 Zimtstange und 1/8 l Wasser aufkochen lassen und 10 Min. zugedeckt leise kochen lassen.

Zwetschgen immer erst nach dem Backen mit Zucker bestreuen. Sie ziehen sonst zu viel Saft.

HERBST REZEPTE

Holundersirup

Zubereitungszeit: 50 Min.
100 ml ca.: 270 kcal

Zutaten für 1 Flasche (ca. 1/2 l Inhalt):
500 g Holunderbeeren
250 g Zucker
100 ml Rotwein
1/2 Zimtstange

Holunderbeeren waschen, mit der Gabel von den Stielen streifen. Mit Zucker, Rotwein und Zimtstange 30 Min. leise kochen lassen. Dann durch ein Gazetuch abgießen, abtropfen lassen und leicht ausdrücken.

Den Sirup noch einmal aufkochen, in eine sterilisierte Flasche füllen und sofort verschließen.

Holunder-Apfel-Gelee

Zubereitungszeit: 30 Min.
Pro Glas ca.: 405 kcal

Zutaten für 4 Gläser (à ca. 1/4 l Inhalt):
600 ml Holundersaft
300 ml Apfelsaft
300 g Gelierzucker 3:1
1 walnussgroßes Stück Ingwer
1 Zitrone

Holunder- und Apfelsaft in einem großen Topf mit dem Gelierzucker mischen. Ingwer schälen und in Scheiben schneiden, zum Saft geben. Zitrone auspressen und den Saft ebenfalls dazugeben. Alles aufkochen und 3 Min. sprudelnd kochen lassen. Den Ingwer herausnehmen.

Das Gelee in sterilisierte Twist-off-Gläser füllen und sofort verschließen.

Holunderkuchen

Zubereitungszeit: 1 Std. 15 Min.
Backzeit: 30–40 Min.
Bei 12 Stücken pro Stück ca.: 330 kcal

Zutaten für 1 Springform von 26 cm Ø:
2 große säuerliche Äpfel
1 unbehandelte Zitrone
150 ml Holundersirup (Rezept links)
1 EL Speisestärke
250 g Mehl, Salz
60 g Zucker, 150 g kalte Butter
50 g Walnuss- oder Haselnusskerne
200 g saure Sahne
250 g Frischkäse, 2 Eier
1/2 Päckchen Vanillepuddingpulver
Mehl für die Arbeitsfläche

Äpfel waschen, schälen, vierteln, putzen und würfeln. Zitrone waschen, Schale abreiben und beiseite stellen, Saft auspressen. Sirup erhitzen. Zitronensaft mit der Speisestärke anrühren, in den Sirup geben und Sirup unter Rühren eindicken lassen. Die Apfelwürfel unterrühren und abkühlen lassen.

Für den Teig Mehl, 1 Prise Salz und 50 g Zucker in einer großen Schüssel mischen. Butter in kleine Würfel schneiden und mit den Händen unter das Mehl arbeiten (wie für Streusel). Nach und nach 2–3 EL sehr kaltes Wasser unterkneten. Teig zu einer Kugel formen und 20–30 Min. im Kühlschrank ruhen lassen.

Backofen auf 200° vorheizen. Den Teig auf einer bemehlten Fläche ausrollen und in eine Springform legen, dabei einen 3 cm hohen Rand formen. Walnuss- oder Haselnusskerne grob hacken und auf dem Teig verteilen. Die Holunderäpfel darauf verteilen. Alles im Backofen 15 Min. (Mitte, Umluft 170°) backen.

Inzwischen für den Guss Sahne, Frischkäse und Eier mit restlichem Zucker, Zitronenschale und Puddingpulver verrühren. Nach 15 Min. Backzeit den Guss auf dem Kuchen verteilen. Kuchen in weiteren 30–40 Min. goldbraun backen.

Die Holunderbeeren für Kuchen, Sirup und Gelee kann man leicht selber sammeln. Darauf achten, dass die Büsche nicht an befahrenen Straßen stehen.

Kernige Kraftpakete
Getreide

Das Wort Getreide kommt aus dem Althochdeutschen *gitregidi*, was so viel bedeutet wie Ertrag und Besitz. Das ist ein Zeichen für die außerordentliche Wertschätzung von Gerste (links), Weizen (rechts), Hafer, Mais und Roggen.

Die Vorteile von Dinkel & Co. haben sich herumgesprochen. Inzwischen finden sich Mehrkornbrötchen, Müsli ja sogar ungemahlene Getreidesorten in großer Auswahl in jedem Supermarkt. Mühlen und Flockenquetscher sind zu bezahlbaren Preisen zu haben, ein untrügliches Zeichen für das breite Interesse.

Früher war Brot von echtem Schrot und Korn. Der Grund war weniger Ernährungsbewusstsein, als die technische Unzulänglichkeit der Mahlwerke. Man konnte eben nur Vollkornmehl und -schrot herstellen. Vor gut 150 Jahren kam die Wende: Neue Technik machte auch vor dem Mehl nicht Halt. Die äußeren Schichten des Korns wurden abgedroschen. Die neuen Mühlen mahlten feiner, Kleie und wertvolle Bestandteile wurde ausgesiebt und an das Vieh verfüttert. Blütenweißes Mehl wurde zu Kuchen und weißen Broten verarbeitet, und Vollkornbrot wurde zum Arme-Leute-Nahrungsmittel.

Aus Getreide werden nicht nur Pasta und Brot sondern Bier, Branntwein, Stärke und sogar Medikamente hergestellt. Stroh wird im Biogartenbau als Schutz vor Frost und Sonne und auch für die Stallungen benötigt.

Inzwischen weiß man, dass damit auf die wertvollsten Bestandteile des Getreides verzichtet wird. Denn Getreide enthält fast alle lebenswichtigen Nährstoffe: Im Keimling viel pflanzliches Eiweiß und Vitamine, im Mehlkörper Kohlenhydrate in Form von Stärke und in den Randschichten Mineralien und Ballaststoffe. Das ist beim Reiskorn nicht anders als beim heimischen Roggen. Man könnte sich von diesen Pflanzenprodukten für eine längere Zeit alleine ernähren, wenn das ganze Korn verarbeitet würde.

Für die Massenverarbeitung sind diese Bestandteile eher hinderlich: Sie begrenzen die Haltbarkeit, machen das Mehl dunkler und die Herstellung komplizierter. So finden wir im Einzelhandel als Weizenmehl fast ausschließlich Type 405 und der Bezeichnung »Auszugsmehl«. Die Mehltype gibt Auskunft wie viel Milligramm Mineralstoffe in 100 g Mehl enthalten sind, hier 405 mg in 100 g Mehl. Backschrot, Type 1700, kommt demnach auf die gut vierfache Menge der wertvollen Inhaltsstoffe.

Urgetreidesorten wie Emmer (links) und Einkorn (rechts) werden wieder modern.

Natürlich ohne Schadstoffe

Da sich in den äußeren Schichten der Körner die meisten Schadstoffe ansammeln, ist es sinnvoll, Getreide aus biologischem Anbau zu verwenden. Denn Rückstände von Pestiziden und Fungiziden dürfen in Biogetreide nicht enthalten sein. Außerdem wird es weder gebeizt, begast oder gespritzt, um es haltbarer zu machen. Zum Beispiel wird dem beim Getreideanbau so gefürchteten Pilzbefall von Biobauern statt mit Fungiziden mit einem weiteren Pflanzenabstand begegnet. Der Wind kann besser hindurch und die Halme bleiben auch unten trocken.

Quantität plus Qualität

Der wirtschaftliche Nachteil durch den geringeren Ertrag auf Öko-Getreidefeldern wird oft überschätzt: Die naturnahe Produktion ist zwar teurer, doch der weitaus größte Teil der Kosten fürs tägliche Brot geht für Herstellung und Vertrieb drauf. Und darin unterscheiden sich die beiden Methoden kaum. Biobrot muss also nicht unbedingt um vieles teurer sein als solches aus konventionellem Anbau. Den Beweis liefert die in Bayern sehr erfolgreiche Hofpfisterei, die in den letzten 20 Jahren ihre Produktion nach und nach auf Bio-Produkte umgestellt hat. »Wir zahlen für Öko-Getreide das Dreifache« rechnet Verkaufsleiter Ralf-Oliver Nebas vor, »dabei sind unsere Brote nur 10 % teurer.« Für die etwa 300 Getreidelieferanten lohnt sich das Engagement: Der Öko-Bäcker mit eigener Mühle benötigt im Jahr zwölftausend Tonnen Roggen, Weizen und Dinkel aus ökologischen Anbau.

Und woran erkennt man gutes Brot? Kaufmann Nebas wird zum Gourmet: »Man muss gutes Brot genossen haben, dann weiß man es ganz genau.« Aber es gibt auch konkrete Qualitätsmerkmale: Graubraune, nicht dunkelbraune, feste Krume, kräftige Kruste, würziger Geschmack mit einem Hauch von Säuerlichkeit und lange Haltbarkeit sind Indizien. Fragen Sie Ihren Bäcker, ob er mit natürlichem Sauerteig arbeitet und nach den verwendeten Zutaten.

Nicht nur beim Brot spielt Getreide die Hauptrolle: Kein Konditor kann sein süßes Handwerk ohne Mehl verrichten, kein Bierbrauer auf Gerste verzichten, und auch Nudeln gäbe es nicht ohne Weizen. Aus Getreide werden wertvolles Weizenkeimöl, Müsli, Cornflakes & Co. hergestellt. Wer zum Frühstück gern Müsli isst, sollte es mal mit der besten Variante, dem selbst gemachten versuchen: Mit der Flockenquetsche die eigenen frischen Haferflocken herstellen oder alternativ ganze Körner oder grobes Schrot über Nacht einweichen und mit frischen Früchten, Milch oder Joghurt mischen. Ein solches Müsli enthält alle Nährstoffe.

Comeback der Klassiker

Körner halten sich erstaunlich lange: Sogar Getreide, das nach Tausenden von Jahren in ägyptischen Pyramiden gefunden wurde, war

Blühender Klatschmohn in einem Kornfeld signalisiert: Hier wird Getreide natürlich angebaut.

GETREIDE REPORTAGE

noch keimfähig. Die Sorten aus Pharaos Zeiten waren robust. Die Ährengröße war zwar kleiner und der Ertrag geringer als die der modernen Getreidesorten, doch im Ergebnis waren Qualität und Geschmack der Produkte hervorragend. Diese Erkenntnisse haben wir einigen jungen Agrarstudenten der landwirtschaftlichen Hochschule Witzenhausen zu verdanken, die sich mit der Nachzucht historischer Getreide beschäftigten. Zwei dieser Idealisten, Juliane Honerla und Martin Kochendörfer, bauen inzwischen das Urgetreide in großem Stil an. Auf den Feldern ihres Hofes in Orlach nahe Schwäbisch Hall wachsen Emmer und Einkorn, beides Weizenvorläufer. Daraus gebackenes Brot findet im weiten Umkreis des Hofs reißenden Absatz.

Kleine Körner-Kunde

Weizen ist heute das wirtschaftlich bedeutendste und am häufigsten verwendete Getreide. Weichweizen eignet sich bestens zum Backen von Kuchen, Brot und Brötchen, Hartweizen ist der Grundstoff für italienische Pasta und Couscous. *Bulgur* ist eingeweichter, gedörrter und dann geschroteter Weizen. *Dinkel* ist eine Sonderform des Weizens. Wird er grün geerntet, gedörrt und mit Buchenholzrauch aromatisiert, kommt er als *Grünkern* in den Handel. Dinkel und Grünkern sind als ganze Körner, Schrot und Mehl erhältlich. Dinkel lässt sich wie Weizen verbacken, Grünkern ist gut als Risotto oder Bratling.
Roggen ist ein wichtiges Brotgetreide. Die Brote sind besonders herzhaft, wenn sie mit Sauerteig gebacken werden. *Gerste* wird heute eher selten zum Brotbacken, häufiger als Viehfutter verwendet. Es werden Graupen daraus hergestellt, und sie ist zu Malz verarbeitet unverzichtbar beim Bierbrauen. *Hafer* findet am häufigsten als Haferflocken Verwendung im Müsli und als Kinder- und Säuglingsnahrung. Er ist das nährstoffreichste Getreide. *Buchweizen* ist kein Getreide, sondern ein Knöterichgewächs. Vom Nährstoffgehalt ist er dem Getreide ähnlich, es fehlt ihm aber das Klebereiweiß (Gluten). Die nussig schmeckenden Körner sind gut als Risotto oder geröstet im Müsli, geschrotet auch als Grütze oder Frikadellen. Buchweizenmehl braucht man für Blini, Pfannkuchen und Nudeln.

Von oben nach unten: Weizen, Dinkel, Grünkern und Roggen

Von oben nach unten: Gerste, Hafer, Buchweizen und zum Größenvergleich ein Pfefferkorn.

Winter
Ruhepause der Natur

Winter ist die Zeit der Braten: Nicht nur die festliche

Weihnachtsgans, auch der Schweinebraten mit

Knusperkruste, das lange geschmorte Ragout und das Filet

mit Rosenkohl und Kastanien haben Saison.

Ruhepause der Natur
Winter

Winterportulak sorgt jetzt für Vitamine im frischen Salat.

Schneespaziergänge, Tee trinken und Bratäpfel essen – das ist die gemütliche Seite des Winters. Man könnte denken, dass in der Landwirtschaft nun ebenfalls die ruhige Zeit anbricht. Doch auch im Winter ist viel zu tun.

Arbeiten im Haus sind angesagt: Der Jahresabschluss steht an und die Planung für das kommende Jahr. Neues Saatgut muss bestellt werden. Auch ist jetzt die Zeit für Reinigungs- und Reparaturarbeiten. Das Vieh im Stall will natürlich über die kalte Jahreszeit weiter sein Futter. Auch in der Käserei gibt es reichlich Arbeit: Der Schnittkäse in den Reiferäumen braucht weitere Pflege. Die Käseküche wird auf Hochglanz geputzt. Mit Beginn des ersten Frostes gehen viele Bauern mit ihrem Pflug über den Acker. In der Bienenzucht werden die alten Waben zu Wachs verarbeitet. Es gibt Wintergemüse, die jetzt noch geerntet werden. Geflügelhöfe mit Enten, Gänse- oder Putenzucht haben Weihnachten Hochsaison, denn Bio-Geflügel als festlicher Weihnachtsbraten steht hoch im Kurs. Etwas ruhiger wird es dann im Januar, Zeit für manchen Landwirt, vielleicht auch einmal Urlaub zu machen.

Vitamine im Winter

Auf dem Markt werden jetzt die Gemüse angeboten, die sich gut lagern lassen. Möhren, Petersilienwurzeln, Pastinaken, Lauch, Schwarzwurzeln, Rote Bete und Rüben gibt es bis ins Frühjahr. Kartoffeln und fast alle Kohlsorten sind zu haben. Grünkohl und Rosenkohl stehen noch auf dem Feld. Sie sind erst nach dem ersten Frost richtig gut und werden je nach Bedarf geerntet. Feldsalat, Portulak, Endivie sind die typischen Wintersalate.

Auch viele Apfel- und Birnensorten sind gut lagerfähig. Kühl und luftig aufbewahrt schmecken sie bis ins Frühjahr. Bis November werden auch Quitten noch angeboten. Das Angebot wird ergänzt durch Nüsse und Esskastanien. Nach dem ersten Frost ist die richtige Zeit Schlehen zu ernten. Erst dann sind sie süß. Aus den Früchten lässt sich Saft, Gelee und Likör herstellen. Schlehenbüsche wachsen oft in den Hecken zwischen den Feldern.

Feine Konserven genießen

Wer im Sommer und Herbst gut vorgesorgt hat, kann das winterliche Angebot durch eigene Vorräte ergänzen. Selbst gemachte Marmeladen und Gelees, Kompotte, Pickles und Chutneys sind jetzt ein willkommener Genuss. Milchsauer eingelegte Gemüse liefern im Winter Vitamine, vor allem das Sauerkraut, das nun in vielen Hofläden und Metzgereien frisch aus dem Fass angeboten wird. In der kalten Jahreszeit schmecken auch deftige Spezialitäten wie selbst gemachtes Griebenschmalz am besten.

Nicht nur zu Weihnachten

Kurze Tage und Schnee vor dem Fenster lassen an Weihnachtsvorbereitungen denken. Doch nicht nur die Lust aufs Plätzchenbacken wächst. Auch selbstgebackenes Brot ist etwas ganz Besonderes. Da können Sie sicher sein, dass nur gute Zutaten drin sind. Egal ob Sie das einfache Hefeteigbrot backen oder eine der feinen Varianten mit Kräutern, Möhren oder Nüssen – freuen sie sich auf Genuss pur. Und es ist gar nicht so aufwändig. Wer schon etwas geübter ist, kann sich dann am deftigen Sauerteigbrot versuchen.

Typisch Winter: Grünkohl, Walnüsse und Wurzelgemüse

Statt Gemüsechips passen auch gebratene Speckwürfel und geröstete Weißbrotcroûtons zum Feldsalat.

Frisch im Winter:
Feldsalat, der auch Rapunzel oder Vogerlsalat genannt wird, ist ein feiner Eisen- und Vitamin-C-Lieferant. Feldsalat sorgfältig waschen, oft sitzt Sand oder Erde zwischen den Blättchen. Portulak-Blättchen schmecken auch gedünstet gut und geben Wintersalaten eine nussige, leicht säuerliche Note. Endiviensalat kann hier zu Lande auch im Oktober, November noch aus dem Freiland stammen. Die glatte Form heißt auch Eskariol, die krause Frisée. Wer die Bitterkeit nicht mag, sollte Endiviensalat erst schneiden, dann lauwarm waschen.

WINTER REZEPTE

Feldsalat
mit Gemüsechips

Zubereitungszeit: 40 Min.
Pro Portion ca.: 320 kcal

Zutaten für 4 Personen:
400 g Feldsalat
8 Knollen Topinambur
4 Möhren
Salz, Pfeffer
4 EL Rotweinessig
3 EL Kürbiskernöl
Öl zum Frittieren

Den Feldsalat putzen, mehrmals gründlich waschen und
in einem Sieb abtropfen lassen. Auf Tellern anrichten.
Topinambur und Möhren schälen und in dünne Scheiben
hobeln.

Aus Salz, Pfeffer, Essig und Kürbiskernöl ein Salatdressing
anrühren.

Die Gemüsescheiben in einer Pfanne in reichlich Öl
oder einer Fritteuse bei 180° portionsweise in 4–6 Min.
goldbraun backen. Herausnehmen, auf Küchenpapier
entfetten und salzen.

Dressing über den Salat träufeln, Gemüsechips darüber
streuen. Dazu passt selbst gebackenes Hefebrot (Seite 163)
oder Weißbrot.

Wintersalat

Zubereitungszeit: 35 Min.
Pro Portion 155 kcal

Zutaten für 4 Personen:
100 g Feldsalat
100 g Portulak
2 Stauden Chicorée
1 Granatapfel
Salz, Pfeffer
1 EL Senf
1 TL Honig
2 EL Mayonnaise
150 g Joghurt
2 EL Weißweinessig

Feldsalat und Portulak putzen, gründlich waschen und
abtropfen lassen. Chicorée waschen, äußere Blätter und
den Strunk entfernen. Chicoréestauden in Blätter teilen.
Den Granatapfel anritzen, aufbrechen und die Kerne
herauslösen.

Salz, Pfeffer, Senf, Honig, Mayonnaise, Joghurt und Weißweinessig zu einem Salatdressing verrühren.

Die Salate mit dem Dressing mischen, auf Tellern anrichten und mit den Granatapfelkernen bestreuen. Dazu passt
Roastbeef (Seite 156).

Variante: Zuckerhutsalat
Nach Belieben noch Zuckerhutblätter unter den Salat
mischen. Dazu 1/4 Kopf Zuckerhut von äußeren Blättern
und Strunk befreien, in Streifen schneiden, dann in
lauwarmem Wasser waschen, abtropfen lassen und unter
den Salat mischen.

TIPP

Frittierte Chips lassen sich je nach
Jahreszeit auch aus anderem Gemüse
herstellen, z. B. aus Kartoffeln,
Roten Beten, Zucchini, Auberginen
oder Knollensellerie.

WINTER REZEPTE

Chicorée in Thymian-Butter

Zubereitungszeit: 35 Min.
Pro Portion ca.: 60 kcal

Zutaten für 4 Personen:
4 Stauden Chicorée
3 Zweige Thymian
2 Orangen
1 EL Butter
Salz, Pfeffer

Chicorée waschen, äußere Blätter entfernen. Die Stauden längs vierteln. Thymian waschen, trockenschütteln, Blättchen abzupfen.

Die Orangen wie Äpfel schälen, dabei die weiße Haut mit abschälen. Den Saft auffangen. Die Fruchtsegmente aus den Häuten lösen.

Butter in einer Pfanne erhitzen, Thymianblättchen einstreuen. Chicorée darin von allen Seiten anbraten, mit dem Orangensaft ablöschen, die Orangenfilets dazugeben. Salzen und pfeffern. Den Chicorée zugedeckt bei mittlerer Hitze 12–15 Min. dünsten.

Variante: Chicoréesalat

2 Stauden Chicorée putzen, quer in Streifen schneiden, 100 g Feldsalat putzen, gründlich waschen und trockenschleudern. 1 Orange schälen, in Scheiben schneiden und diese in Stücke teilen, 200 g blaue Weintrauben waschen halbieren, dabei Kerne entfernen. Alles in einer Schüssel mischen. 200 g Dickmilch mit 1 TL geriebenen Meerrettich, 1 EL Zitronensaft, 1 Prise Zucker, Pfeffer und Salz schaumig rühren und unter den Salat heben. Mit Kresse bestreuen.

Kartoffel-Endivien-Püree

Zubereitungszeit: 40 Min.
Pro Portion ca.: 370 kcal

Zutaten für 4 Personen:
1 kg mehlig kochende Kartoffeln
Salz
1/4 Kopf Endivien- oder Friséesalat
1/4 l Milch
50 g Butter
Pfeffer
Muskat

Die Kartoffeln waschen, schälen, grob zerkleinern und in wenig Salzwasser in 15–20 Min. weich kochen. Inzwischen Endivien- oder Friséesalat putzen, waschen, in Streifen schneiden oder kleiner zupfen und in einem Sieb abtropfen lassen.

Die Kartoffeln abschütten und zerstampfen. Die Milch aufkochen. Butter und Milch in den heißen Kartoffelbrei einrühren. Kartoffeln mit Pfeffer und Muskat abschmecken. Salat untermischen und das Püree sofort servieren. Dazu passt Kalbsleber.

Variante: Kartoffelpüree

Für 4 Personen 1 kg mehlig kochende Kartoffeln schälen, grob zerkleinern und in wenig Salzwasser in 15–20 Min. weich kochen. Abschütten und zerstampfen. 50 g Butter untermischen. 1/4 l Milch aufkochen und langsam unter das Püree rühren, bis es eine lockere Konsistenz hat. Püree mit Muskat abschmecken.

Variante: Kartoffelsalat mit Endivie

1 kg fest kochende Kartoffeln mit Schale weich kochen, ausdampfen lassen, pellen und in feine Scheiben schneiden. 1/4 l Brühe mit 2 EL Senf, 3 EL Essig und 5 EL Öl verquirlen. Mit 1 klein geschnittenen Zwiebel unter die Kartoffeln mischen. 1/4 Kopf Endiviensalat in Streifen schneiden und unter den abgekühlten Salat mischen.

Statt mit Endivie lässt sich Kartoffelpüree auch mit fein gehackten Kräutern, mit Knoblauch und etwas abgeriebener Zitronenschale und –saft oder fein geschnittenen getrockneten Tomaten aromatisieren. Nach Belieben noch etwas geriebenen Käse untermischen.

Für mehr Schärfe 1 Chilischote klein schneiden und mitkochen.

Schwarzwurzeln mit Zitronenschnitzen servieren.

Weißkohl mit Curry

Zubereitungszeit: 45 Min.
Pro Portion ca.: 275 kcal

Zutaten für 4 Personen:
1 kleiner Kopf Weißkohl (ca. 1,2 kg)
1 Zwiebel
2 EL Öl
1 EL Currypulver
1 kleine Dose Tomaten (400 g)
1/4 l Gemüsebrühe
100 g Erdnusskerne
Salz, Pfeffer
1 EL frisch gehackte Petersilie

Den Weißkohl vierteln, die äußeren Blätter und den Strunk entfernen. Die Viertel feinblättrig schneiden.

Die Zwiebel schälen, fein würfeln und im Öl glasig dünsten. Den Kohl kurz mitdünsten und mit dem Currypulver bestäuben. Tomaten samt Saft dazugeben. Gemüsebrühe angießen und Erdnusskerne untermischen. Alles 30 Min. leise kochen lassen und mit Salz und Pfeffer abschmecken, mit Petersilie bestreut servieren.

Rotkohlsalat

Zubereitungszeit: 20 Min.
Marinierzeit: 1 Std.
Pro Portion ca.: 150 kcal

Zutaten für 4 Personen:
1 kleiner Kopf Rotkohl (ca. 750 g)
Salz
3 EL Rotweinessig
3 EL Öl
75–100 ml Apfelsaft
Pfeffer
1/2 TL Zimtpulver
2–4 EL Preiselbeeren (aus dem Glas)
1 Apfel

Den Rotkohl vierteln, äußere Blätter und Strunk entfernen, Rotkohl in feine Streifen schneiden und in reichlich kochendem Salzwasser 5 Min. blanchieren.

Rotkohl abgießen und heiß mit dem Rotweinessig, Öl, 75 ml Apfelsaft, Pfeffer, Zimtpulver und den Preiselbeeren mischen. Den Apfel schälen, ohne das Kernhaus raspeln oder in dünne Schnitze schneiden und untermischen. Falls nötig, noch etwas Apfelsaft angießen. Rotkohlsalat etwa 1 Std. durchziehen lassen.

Gebackene Schwarzwurzeln

Zubereitungszeit: 30 Min.
Pro Portion ca.: 320 kcal

Zutaten für 4 Personen:
1 Zitrone
500 g Schwarzwurzeln
Salz, Pfeffer
175–200 g Mehl, 1/4 l Bier
Öl zum Frittieren

Zitrone auspressen. Die Hälfte des Safts mit 1 1/2 l Wasser mischen. Schwarzwurzeln waschen, schälen, nach Belieben in Stücke schneiden und jeweils sofort ins Zitronenwasser legen. Wenn alle Stangen geschält sind, Schwarzwurzeln abgießen und mit restlichem Zitronensaft, Salz und Pfeffer marinieren.

Zum Frittieren Fritteuse auf 180° vorheizen oder in einer tiefen Pfanne reichlich Öl erhitzen. Mehl mit Bier, Salz und Pfeffer zu einem nicht zu flüssigen Teig verrühren. Die Schwarzwurzeln durch den Teig ziehen und portionsweise schwimmend in 4–6 Min. goldbraun backen.

WINTER REZEPTE

Wirsing in Senfrahm

Zubereitungszeit: 35 Min.
Pro Portion ca.: 260 kcal

Zutaten für 4 Personen:
1 kleiner Kopf Wirsing (ca. 600 g)
1 Zwiebel, 1 EL Butter
1/8–1/4 l Gemüsebrühe
200 g Crème fraîche
2 EL grober Senf
Salz, Pfeffer
Muskat

Den Wirsing vierteln, äußere Blätter und Strunk entfernen. Die Viertel feinblättrig oder in Spalten schneiden. Die Zwiebel schälen, würfeln und in der Butter glasig dünsten. Den Wirsing kurz mitdünsten. Gut 1/8 l Gemüsebrühe angießen und alles zugedeckt 10 Min. leise kochen lassen. Falls nötig, noch Gemüsebrühe nachgießen.

Die Crème fraîche und den Senf unterrühren und kurz mitkochen lassen. Wirsing mit Salz, Pfeffer und Muskat abschmecken.

Rosenkohl mit Rosinen

Zubereitungszeit: 30 Min.
Pro Portion ca.: 100 kcal

Zutaten für 4 Personen:
500 g Rosenkohl
Salz
1 Zwiebel
1 EL Butter
4 EL Rosinen
1/4 l Gemüsebrühe
Pfeffer
Muskat

Vom Rosenkohl die äußeren Blätter entfernen, den Strunk etwas abschneiden und kreuzweise einschneiden. Den Rosenkohl in Salzwasser in 12–15 Min. weich kochen, dann in kaltem Wasser abschrecken.

Die Zwiebel schälen, fein würfeln und in der Butter glasig dünsten. Den Rosenkohl, die Rosinen und 200 ml Gemüsebrühe dazugeben, mit Salz, Pfeffer und Muskat abschmecken und noch 4–5 Min. zugedeckt kochen lassen. Falls nötig, Gemüsebrühe nachgießen.

Topinambur mit Tomaten

Zubereitungszeit: 40 Min.
Pro Portion ca.: 200 kcal

Zutaten für 4 Personen:
500 g Topinambur
1 Zwiebel, 2 Knoblauchzehen
2 Zweige Rosmarin
4 EL kaltgepresstes Sonnenblumenöl
Salz, Pfeffer
200 g Kirschtomaten

Backofen auf 200° (Umluft 180°) vorheizen. Topinambur waschen, schälen und in 1/2–1 cm dicke Scheiben schneiden. Die Zwiebel und den Knoblauch schälen und würfeln. Den Rosmarin waschen und trockenschütteln.

In die Fettpfanne Öl, Topinambur, Zwiebel, Knoblauch und Rosmarinzweige geben, Topinambur mit Salz und Pfeffer würzen und im Ofen (Mitte) je nach Dicke der Scheiben 15–20 Min. backen. Inzwischen die Tomaten waschen und halbieren, nach 15-20 Min. mit in den Ofen geben und alles weitere 10 Min. backen.

WINTER REZEPTE

Borschtsch

Zubereitungszeit: 45 Min.
Pro Portion ca.: 630 kcal

Zutaten für 4 Personen:
1 Zwiebel, 2 Rote Beten
2 Möhren
1/4 Knollensellerie
1 Stange Lauch
1/4 Kopf Wirsing
300 g Bauchspeck
2 EL Butterschmalz
1 l Rinderbrühe
Salz, Pfeffer
1 Bund Dill
200 g saure Sahne

Zwiebel, Rote Beten, Möhren und Sellerie schälen. Den Lauch putzen, längs aufschneiden und gründlich waschen. Beim Wirsing die äußeren Blätter und den Strunk entfernen. Alle Gemüse in grobe Stücke oder Würfel schneiden. Den Bauchspeck und die Zwiebel fein würfeln.

Speck und Zwiebel im Schmalz glasig dünsten, das Gemüse kurz mitdünsten. Die Rinderbrühe angießen, alles 20–25 Min. kochen lassen und mit Salz und Pfeffer abschmecken.

Den Dill waschen und trockenschütteln, die Blättchen fein schneiden und über die Suppe streuen. Die saure Sahne extra zum Borschtsch reichen. Dazu passt Krustenbrot oder selbst gebackenes Brot (Seite 160).

Grünkohleintopf

Einweichzeit: 12 Std.
Zubereitungszeit: 1 Std. 30 Min.
Pro Portion ca.: 880 kcal

Zutaten für 4 Personen:
200 g große weiße getrocknete Bohnen
500 g Schinkenknochen
500 g durchwachsener Räucherspeck
3 Lorbeerblätter
1,2 kg frischer Grünkohl
(ca. 500 g geputzt)
Salz, 2 Zwiebeln, 200 g Möhren
1/4–1/2 l Rinderbrühe, Pfeffer

Bohnen über Nacht einweichen. Am nächsten Tag abgießen und mit dem Schinkenknochen, Speck und Lorbeer in einem großen Topf mit kaltem Wasser bedecken. Alles aufkochen und 30 Min. kochen lassen.

Inzwischen Grünkohl waschen, von den Blattrippen streifen. Blätter grob hacken, in reichlich Salzwasser 4–6 Min. blanchieren, abgießen und abtropfen lassen. Grünkohl zu den Bohnen geben und 30 Min. mitgaren.

Zwiebeln schälen und in Spalten schneiden. Möhren schälen und in Stifte schneiden. Beides zu den Bohnen geben und alles weitere 30 Min. kochen lassen, Fleischbrühe nach Bedarf dazugießen. Am Ende der Garzeit Schinkenknochen und Speck herausnehmen. Eintopf mit Salz und Pfeffer würzen. Speck würfeln und mit dem Eintopf servieren.

Variante: Grünkohl klassisch

2 kg Grünkohl wie im Rezept oben vorbereiten und 4–6 Min. blanchieren. Abgießen und gut abtropfen lassen. 500 g Zwiebeln schälen und würfeln. 3 EL Schmalz in einem großen Topf erhitzen und die Zwiebeln darin andünsten, Kohl und 1/2 l Fleischbrühe dazugeben, salzen und pfeffern. 500 g frisches Bauchfleisch und 500 g Kasselernacken dazugeben und alles 50 Min. kochen lassen. In den letzten 20 Min. 8 Mettenden mitgaren. Grünkohl abschmecken. Mit Fleisch, Mettenden und Kartoffeln servieren.

Grünkohl ist am besten nach dem ersten Frost. Die klassische Variante wird in Norddeutschland gern mit Karamellkartoffeln gegessen: Pellkartoffeln salzen, mit Zucker betreuen und in heißer Butter goldgelb karamellisieren lassen.

Schneller geht es, wenn Sie fertigen Strudelteig aus dem Kühlregal verwenden

Selbst gemachtes Sauerkraut
gelingt am besten aus Spitzkohl. Köpfe putzen, vierteln und fein hobeln. Kraut in einen Ton- oder Holzbehälter schichtweise mit Salz und Zucker einlegen (pro kg Kohl: 10 g Salz und 1 Prise Zucker). Kräftig stampfen, bis das Kraut Wasser zieht und damit bedeckt ist. Mit einem Tuch abdecken, Holzteller darauf legen und das Ganze mit einem Stein beschweren. An einem warmen Ort 10-12 Tage stehen lassen, dann kühl stellen. Schaum wöchentlich entfernen. Nach 4 Wochen können Sie das Sauerkraut verwenden.

WINTER REZEPTE

Sauerkraut Grundrezept

Zubereitungszeit: 1 Std.
Pro Portion ca.: 250 kcal

Zutaten für 4 Personen:
2 Zwiebeln
1 Stück Speckschwarte
2 EL Schweineschmalz
800 g Sauerkraut
1/2–3/4 l Rinderbrühe
1/2 TL Pfefferkörner
1 TL Wacholderbeeren
3 Lorbeerblätter
1 TL Kümmel
Salz, Zucker

Zwiebeln schälen, in Ringe schneiden und zusammen mit der Speckschwarte im Schweineschmalz glasig dünsten. Sauerkraut dazugeben, knapp 1/2 l Brühe angießen und aufkochen lassen.

Pfefferkörner, Wacholderbeeren, Lorbeer und Kümmel unterrühren und alles je nach Festigkeit des Sauerkrauts 30–50 Min. zugedeckt kochen lassen. Falls nötig, Brühe nachgießen. Mit Salz und Zucker abschmecken und ohne die Speckschwarte servieren.

Variante: Schlachtplatte
Für eine deftige Schlachtplatte Kasseler Rippchen oder 100 g durchwachsenen Räucherspeck mit dem Sauerkraut garen. Frische Blut- und Leberwürste separat in Salzwasser oder stilecht in Kesselbrühe erhitzen und mit dem Sauerkraut servieren.

Sauerkrautstrudel

Zubereitungszeit: 20 Min.
Sauerkraut: 1 Std.
Ruhezeit: 30 Min.
Backzeit: 45 Min.
Bei 6 Personen pro Portion ca.: 510 kcal

Zutaten für 4–6 Personen:
Für die Füllung:
1 Grundrezept Sauerkraut (links)
200 g roh geräucherter Schinken
4 EL Semmelbrösel

Für den Teig:
250 g Mehl, 2 Eier
2 EL Öl, Salz
Mehl für die Arbeitsfläche
Öl oder Backpapier für das Blech

Für die Füllung 800 g Sauerkraut nach dem Grundrezept zubereiten. Schinken in kleine Würfel oder Streifen schneiden und unter das Sauerkraut mischen. Sauerkraut abkühlen lassen, falls nötig leicht ausdrücken.

Für den Teig das Mehl auf die Arbeitsfläche sieben, in die Mitte eine Mulde hineindrücken und 1 Ei, Öl und Salz hineingeben. Mit 80 ml lauwarmem Wasser zu einem weichen Teig verkneten. Bei Bedarf noch etwas Wasser unterkneten. Teig zu einer Kugel formen. Eine Schüssel mit heißem Wasser ausspülen. Schüssel über den Teig stülpen und diesen 30 Min. ruhen lassen.

Den Backofen auf 180° vorheizen. Ein Tuch und die Arbeitsfläche mit Mehl bestäuben, Teig sehr dünn ausrollen und mit den Händen ausziehen. Den Teig auf dem Tuch ausbreiten, zuerst die Semmelbrösel, dann das Sauerkraut gleichmäßig darauf verteilen. An den Seiten jeweils 5 cm Rand lassen. Das restliche Ei verquirlen und die Teigränder damit einpinseln. Ränder zur Mitte hin einschlagen. Auf einer Seite das Tuch anheben, dann den Strudel vorsichtig einrollen. Ein Backblech mit Papier belegen oder Öl einfetten, Strudel darauf legen und mit verquirltem Ei bestreichen. Strudel im Backofen (Mitte, Umluft 160°) 45 Min. backen, bis die Oberfläche goldbraun ist. Strudel in Scheiben schneiden.

WINTER REZEPTE

Sauerkraut mit Fisch

Zubereitungszeit: 30 Min.
Backzeit: 30–35 Min.
Sauerkraut: 1 Std.
Pro Portion ca.: 745 kcal

Zutaten für 4 Personen:
1 Grundrezept Sauerkraut (Seite 139, ohne Speck zubereitet)
200 g Crème fraîche
2 TL grobkörniger Senf
600 g Lachsfilet
Meersalz
Pfeffer

800 g Sauerkraut nach dem Grundrezept ohne Speck zubereiten, mit 100 g Crème fraîche mischen und erwärmen. Die restliche Crème fraîche mit dem grobkörnigen Senf und etwas Wasser verrühren. Den Backofen auf 180° vorheizen.

Den Fisch in 4 Portionsstücke schneiden, salzen und pfeffern. Das Sauerkraut in eine Auflaufform füllen. Den Fisch auf das Sauerkraut legen, die restliche Crème fraîche darauf streichen und alles im vorgeheizten Backofen (Mitte, Umluft 160°) 30–35 Min. garen.

Szegediner Gulasch

Zubereitungszeit: 1 Std. 30 Min.
Sauerkraut: 45 Min.
Pro Portion ca.: 605 kcal

Zutaten für 4 Personen:
1/2 Grundrezept Sauerkraut (Seite 139)
500 g Zwiebeln
4 Knoblauchzehen
3 EL Schmalz
1 kg Schweinegulasch
Salz
3 EL Paprikapulver edelsüß
3 EL Tomatenmark
1 TL Kümmel
400 g Kartoffeln
200 g saure Sahne

400 g Sauerkraut nach dem Grundrezept bissfest zubereiten, dabei Sauerkraut nur 30 Min. garen.

Inzwischen die Zwiebeln und den Knoblauch schälen, fein würfeln und im Schmalz glasig dünsten. Das Gulaschfleisch dazugeben, salzen und mitdünsten. Sobald die Flüssigkeit eingekocht ist, Paprikapulver, Tomatenmark und Kümmel dazugeben und kurz mitdünsten. Alles mit 1/4 l Wasser ablöschen, Flüssigkeit nochmals offen einkochen lassen. Dann 3/4 l Wasser angießen, aufkochen und alles 40 Min. zugedeckt leise kochen lassen.

Während dieser Zeit Kartoffeln waschen, schälen und in große Würfel schneiden. Nach 40 Min. Kochzeit Kartoffeln zum Fleisch geben und alles weitere 15 Min. kochen lassen. Dann das Sauerkraut hinzufügen und alles nochmals 15–20 Min. weiterkochen lassen. Gulasch abschmecken und servieren. Saure Sahne extra dazu reichen.

Szegediner Gulasch am Vortag zubereiten. Denn aufgewärmt schmeckt es noch besser, da alle Zutaten gut durchziehen können und sich dabei der Geschmack abrundet.

Statt Perlhuhn lassen sich auch Brathähnchen ausgezeichnet in Pergament zubereiten.

Ganz sanft *garen Fisch, Fleisch, Geflügelteile, Kartoffeln oder Gemüse in Pergamentpapier, Folie oder Römertopf. Vitamine und Nährstoffe bleiben bei diesen Fett sparenden Garmethoden gut unter Verschluss, das Eigenaroma der Zutaten kommt besonders gut zur Geltung.*

WINTER REZEPTE

Perlhuhn in Pergament

Zubereitungszeit: 1 Std. 25 Min.
Bei 3 Personen pro Portion ca.: 390 kcal

Zutaten für 2–3 Personen:
Für das Perlhuhn:
1 Perlhuhn (ca. 1 kg)
Salz, Pfeffer
150 g fest kochende Kartoffeln
100 g Champignons
2 Schalotten
70 g weiche Butter
2–3 Zweige Majoran
1 großer Bogen Pergamentpapier oder Backpapier

Das Perlhuhn waschen, trockentupfen und mit Salz und Pfeffer würzen.

Für die Füllung die Kartoffeln schälen, in sehr dünne Scheiben hobeln und in kochendem Wasser 2–3 Min. blanchieren, kalt abschrecken und gut abtropfen lassen. Die Champignons trocken abreiben und grob schneiden. Die Schalotten schälen und vierteln.

Backofen auf 190° vorheizen. 1 EL Butter in einer Pfanne erhitzen. Schalotten und Champignons darin glasig dünsten, bis die sich bildende Flüssigkeit verdampft ist. Abkühlen lassen und mit Salz und Pfeffer würzen. Champignons und Schalotten mit den Kartoffeln vermischen. Majoran waschen und trockenschütteln. Blättchen abzupfen und unter die Füllung mischen.

Füllung in das Huhn geben. Bauchöffnung mit einem Zahnstocher zustecken.

Pergament oder Backpapier mit restlicher Butter bestreichen. Perlhuhn darauf legen, das Papier einschlagen. Enden zubinden oder –kniffen. Das Huhn im vorgeheizten Backofen (Mitte, Umluft 170°) auf dem Rost 50 Min. garen. Huhn zum Servieren aus dem Pergament nehmen.

Entenkeulen im Römertopf

Zubereitungszeit: 15 Min.
Vorbereitungszeit Römertopf: 1 Std.
Backzeit: 1 Std.
Pro Portion ca.: 670 kcal

Zutaten für 4 Personen:
4 Entenkeulen
Salz, grober Pfeffer
500 g Teltower Rübchen
500 g Möhren
8 Pimentkörner
1 kleiner Zweig Lorbeerblätter
100 ml Hühnerbrühe

Römertopf in kaltem Wasser 1 Std. tränken.

Fetträuder von den Entenkeulen abschneiden. Keulen waschen, trockentupfen, salzen und pfeffern. Keulen in einer trockenen heißen Pfanne 2–3 Min. auf der Hautseite anbraten, dann wenden und kurz weiterbraten. Den Backofen auf 200° vorheizen.

Teltower Rübchen und Möhren schälen, Möhren in grobe Stücke schneiden.

Wasser aus dem Römertopf gießen. Gemüse mit Piment, Lorbeer und den angebratenen Entenkeulen in den Topf geben. Bratenfond in der Pfanne mit Hühnerbrühe ablöschen und über das Gemüse gießen. Deckel auflegen. Entenkeulen im vorgeheizten Backofen (Mitte, Umluft 180°) 1 Std. backen. Im Topf servieren.

Für den Salat sollten Sie unbedingt die kleinen Puy-, Berg- oder die schwarzen Beluga-Linsen verwenden, nur sie sind in etwa 20 Min. gar.

Linsensalat mit Gänsebrust

Zubereitungszeit: 45 Min.
Pro Portion ca.: 400 kcal

Zutaten für 4 Personen:
1 Knoblauchzehe
250 g kleine Linsen (Puy- oder Beluga-Linsen)
1 Lorbeerblatt
2 Möhren
200 g Knollensellerie
1 Stange Lauch
1 EL Rapsöl
2–3 EL milder Rotweinessig
Salz, Pfeffer
150 g geräucherte Gänsebrust
einige Blätter Friséesalat
1 EL Walnussöl

Knoblauch ungeschält mit einer breiten Messerklinge anquetschen. Linsen, Knoblauch und Lorbeerblatt mit kaltem Wasser bedecken und in 20–30 Min. nicht zu weich garen.

Inzwischen Möhren und Sellerie waschen und schälen, Lauch putzen und ebenfalls gründlich waschen. Gemüse in feine Würfelchen schneiden und im heißen Öl 2–3 Min. unter Rühren bissfest garen.

Linsen abgießen und gut abtropfen lassen. Knoblauch und Lorbeerblatt entfernen. Linsen zum Gemüse in die Pfanne geben und gut durchmischen. Mit 2 EL Essig, Salz und Pfeffer kräftig würzen und etwas abkühlen lassen.

Inzwischen die geräucherte Gänsebrust in dünne Scheiben schneiden. Friséeblätter waschen und trockenschütteln. Den Linsensalat noch einmal mit Salz, Pfeffer und Essig abschmecken. Walnussöl darüber träufeln und auf Portionsteller mit der Gänsebrust und dem Frisée anrichten.

Marinierte Entenbrust

Zubereitungszeit: 30 Min.
Marinierzeit: 24–36 Std.
Pro Portion ca.: 540 kcal

Zutaten für 4 Personen:
2 große Entenbrustfilets mit Haut (je ca. 350 g)
2 El Zitronensaft
2 EL flüssiger Honig
4 EL Sonnenblumenöl
1/4 TL Chiliflocken
2 Stangen Lauch

Entenbrustfilets auf der Hautseite mit einem scharfen Messer rautenförmig einschneiden. Für eine Marinade Zitronensaft mit Honig, Öl und Chili verrühren. Fleisch darin 24–36 Std. marinieren.

Entenbrustfilets aus der Marinade nehmen, trockentupfen. Mit der Hautseite nach unten in eine trockene kalte Pfanne legen. Die Pfanne erhitzen, Fleisch bei mittlerer Hitze 5–8 Min. braten, bis die Haut braun und knusprig ist. Inzwischen Lauch putzen, längs aufschneiden, gründlich waschen und in Streifen schneiden.

Fleisch wenden und auch von der anderen Seite gut anbraten. Fett abgießen, dann die Marinade dazugießen. Den Lauch dazugeben und alles bei schwacher Hitze 8–10 Min. schmoren. Eventuell etwas Wasser angießen.

Entenbrustfilets einige Minuten ruhen lassen, schräg in Scheiben schneiden und mit dem Lauch und der Sauce anrichten.

WINTER REZEPTE

WINTER REZEPTE

Klassischer Gänsebraten

Zubereitungszeit: 4 Std.
Bei 6 Personen pro Portion ca.: 1150 kcal

Zutaten für 4–6 Personen:
1 Gans (ca. 4,5–5 kg, küchenfertig vorbereitet)
Salz
Pfeffer
1 TL getrockneter Majoran
2–3 Zweige Beifuß
1 Bund Suppengemüse
2 Zwiebeln

Den Backofen auf 200° vorheizen. Die Gans innen und außen waschen, trocknen, innen mit Salz, Pfeffer und den Kräutern würzen, außen salzen und pfeffern.

Gans mit der Brust nach unten in die Fettpfanne oder einen großen Bräter legen und 375 ml kochendes Wasser dazugießen. Im vorgeheizten Ofen (Umluft 180°) 30 Min. garen, dann die Gans umdrehen, den Ofen auf 180° (Umluft 160°) herunterschalten und die Gans je nach Größe weitere 1 1/2–2 Std. garen.

Das Suppengemüse putzen und grob zerschneiden, die Zwiebeln schälen und achteln. Beides zur Gans geben (sollte sehr viel Fett ausgetreten sein, dies bis auf einen Bodensatz abschöpfen) und alles 1 Std. weiterbraten, dabei ab und zu mit Bratenfett begießen.

Zum Schluss 1/8 l kaltes Wasser mit 1 TL Salz verrühren, die Gans damit bepinseln und 5–10 Min. weiterbraten (so wird die Haut schön knusprig). Gans aus dem Ofen nehmen. Bratensatz mit etwa 1/4 l Wasser ablöschen, ablösen und mit dem Suppengrün durch ein Sieb passieren. Die Gans zerteilen und mit der Sauce servieren. Dazu passen Knödel und Rotkohl.

Wer will, füllt die Gans mit der Leber-Apfel-Füllung (rechts). Die Bratzeit erhöht sich dann um 30 Min.

Leber-Apfel-Füllung

Zubereitungszeit: 20 Min.
Bei 6 Personen pro Portion ca.: 290 kcal

Zutaten für 1 küchenfertige Gans (ca. 4,5–5 kg):
2 Zwiebeln
100 g durchwachsener Räucherspeck
200 g Gänseleber
5 EL Butterschmalz
4 Brötchen (vom Vortag)
3 Äpfel
2 EL Rosinen
1–2 TL Salbeiblätter
1/4 l Geflügelfond
Salz, Pfeffer

Zwiebeln, Speck und Gänseleber klein würfeln und in 2 EL Butterschmalz anbraten. Abkühlen lassen. Die Brötchen in 1 cm große Würfel schneiden, in 3 EL Butterschmalz anrösten und abkühlen lassen.

Äpfel fein würfeln, dabei das Kerngehäuse entfernen. Alles mit Rosinen, Salbei und Geflügelfond mischen. Mit Salz und Pfeffer würzen und in die Gans füllen.

TIPP

Das flüssige Fett, das beim Braten von fetten Gänsen austritt, einfach abschöpfen, in saubere Gläser füllen und abkühlen lassen. Das streichfeste Geflügelschmalz schmeckt als Brotaufstrich mit Salz oder es kann zum Kochen, Braten und für salzige Teige verwendet werden.

147

Freiheitsliebend:
Bio-Geflügel

Gänse sind von Natur aus wachsam und verteidigen ihr Terrain mit viel Einsatz gegen fremde Eindringlinge, während auf dem Hühnerhof eine fest gefügte Rangordnung das soziale Leben bestimmt, mit einem bunten Hahn als Chef.

Woran erkennt man glückliche Hühner? Martin Horneber, Chef der »Kernmühle« im fränkischen Roßtal und Besitzer von 1600 Legehennen kennt solche Fragen. Wirklich glückliche Hühner, die vollkommen artgerecht gehalten werden, ernähren sich von dem, was sie auf ihren Ausflügen vorfinden, Gräser, Kräuter, hin und wieder einmal einen Wurm. Sie legen höchstens alle paar Tage einmal ein Ei, bringen also kaum Rendite. Man muss sie schon füttern, um ihre Legeleistung auf rentable 5 bis 6 Eier die Woche anzuheben, und mit grenzenloser Freiheit ist weder Hühnern noch Bauern gedient. Die einen würden vom Fuchs gefressen, und die anderen müssten ihrem Federvieh riesige Flächen überlassen, die sie gleichzeitig kaum anders nutzen könnten. Doch zwischen hektargroßen Feldern und einer DIN A-4 großen Fläche pro Huhn, wie sie in vielfach kritisierten Legebatterien geboten wird, gibt es hühnerfreundliche Kompromisse. Hornebers

Truthähne fühlen zwar in in der Masse wohl, trotzdem ist jedes einzelne Tier ein Individualist. Enten mögen gerne ihre Ruhe, besonders, wenn sie wie hier, ihre Eier ausbrüten.

Tiere residieren in Wintergärten, Freiflächen, die allseitig mit engem Maschenzaun versehen sind. Besonders viel Platz bietet solche Bodenhaltung nicht, doch die Hühner können sich gut bewegen und auch ab und zu einmal hochfliegen, um sich oben auf Stangen und Balken auszuruhen.
Bei der Volierenhaltung gibt es statt Balken mehrere Ebenen übereinander, Etagenwohnungen sozusagen. Zum Eierlegen begibt sich die Henne zum »Nest«, kleine Kammern in einem abgedunkelten Raum, die zum Brüten einladen. Etwas luxuriöser ist die intensive Auslaufhaltung mit ebenfalls freier Wahl zwischen draußen und drinnen und 2,5 qm Platz pro Huhn. Stehen dafür mehr als 4 qm zur Verfügung, so darf sich diese Form nach EG-Richtlinien Freilandhaltung nennen. Wichtig ist dabei, dass die Tiere eine Rückzugsmöglichkeit haben, damit sie bei schlechtem Wetter nicht im Regen stehen. Nässe ist nicht ihr Fall.

Braungefiederte Hühner legen in der Regel auch braune Eier (oben). Die Warren-Hühner von Martin Horneber mögen zwischendurch auch gerne einmal frisches Gras, ansonsten picken sie hochwertige Getreidekörnern (rechts).

Selten gewordene Idylle: Der Hahn führt seine Hennen über eine große Wiese in Glonn/Oberbayern.

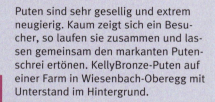

Puten sind sehr gesellig und extrem neugierig. Kaum zeigt sich ein Besucher, so laufen sie zusammen und lassen gemeinsam den markanten Putenschrei ertönen. KellyBronze-Puten auf einer Farm in Wiesenbach-Oberegg mit Unterstand im Hintergrund.

Qualität schmeckt man

Die Möglichkeit des Laufens, Pickens und Scharrens und vor allem, in einer natürlichen Hackordnung zu leben, hat unmittelbaren Einfluss auf die Eiqualität und den guten Geschmack. Der zweite Faktor für ein leckeres Ei ist die Fütterung. Im Biobetrieb der Kernmühle gibt es nur Hochwertiges: Weizen, Erbsen und getrocknetes Gras, pro Schnabel und Tag 120 Gramm. Ergibt 1 Ei von 65 Gramm, so die Rechnung des Hühnerwirtes. Dotterfarbstoffe und Antibiotika im Futter sind verpönt. Auch Sojaschrot und künstliche Aminosäuren kommen Horneber nicht in den Stall. So entstehen Eier von hoher Qualität. Im Handel sind die Eier strengen Kennzeichnungspflichten unterworfen. Auf den Verpackungen müssen die Hersteller Auskunft über Haltbarkeit, Herkunftsland sowie Güte- und Gewichtsklasse geben. Neuerdings muss auch jedes Ei einzeln gestempelt sein (Glossar Seite 178). Braune und weiße Eier unterscheiden sich in der Qualität nicht voneinander; die Färbung wird ausnahmslos von der Hühnerrasse bestimmt. Dennoch haben die Produzenten damit ein Problem: Grundsätzlich bevorzugen die Käufer braune Eier, doch zur Osterzeit wollen plötzlich alle weiße, denn die sind einfacher und farbenfroher zu bemalen.

Suppenhuhn und Brathähnchen

Was für Eier richtig ist, kann für Fleisch nicht falsch sein. Geflügelfleisch schmeckt am besten, wenn bei der Mästung die Lebensgewohnheiten der Hühner nicht zu kurz kommen. Werden die Tiere dann noch nach biologischen Regeln großgezogen, d.h. ohne Wachstumshormone und Antibiotika, so sind sie eine Delikatesse. Ihr Fleisch ist mager, reich an Eiweiß und an Niacin, einem Stoff, der die Verdauung fördert. Während auf Grund der gestiegenen Bioeier-Nachfrage auch Suppenhühner in Bioqualität reichlich vorhanden sind, sind Biohähnchen und -poularden nicht überall zu haben. Immer häufiger dagegen werden Kapaune, also kastrierte Hähne, auf Bauernmärkten angeboten. Wie Poularden haben sie das volle Fleischaroma, sind jedoch fast doppelt so groß. Perlhühner sind deutlich kleiner als Hähnchen und tragen ihren Namen auf Grund eines perlenartigen Besatzes auf ihren Federn. Sie stammen ursprünglich aus Nordafrika, werden jedoch inzwischen in ganz Europa gezüchtet. Ihr Fleisch hat ein leichtes Wildaroma. Bei der Verarbeitung von Hühnerfleisch sind wegen der Salmonellengefahr einige hygienische Grundregeln zu beachten. So muss das Fleisch grundsätzlich durchgegart sein, bevor es auf den Tisch kommt. Küchengeräte, die mit dem rohen Hähnchenfleisch Kontakt hatten, müssen mit heißem Wasser abgespült werden. Bei Gefrierware darf das Auftauwasser keinesfalls verwendet, sondern muss weggeschüttet werden.

Enten und Gänse

Das schnatternde und watschelnde Federvieh zählt zur Abteilung Wassergeflügel, das viel Auslauf und im Frühjahr ein Gewässer zum Brüten benötigt. In der biologischen Aufzucht wurden Kompromisse eingegangen: Die Eier werden künstlich bebrütet, denn die Badegelegenheit für einen ganzen Zuchtbetrieb hätte einige Umweltprobleme zur Folge. So behilft man sich mit größeren Rasensprengern, an denen die Tiere duschen, saufen und sich putzen können. Während Gänse etwas genügsamer sind und neben hofeigenem Futter wie Getreide, Erbsen oder Bohnen auch mit Gras und Ackerpflanzen auskommen, sind Enten ausgesprochene Feinschmecker und verlangen teures Futterkonzentrat.

Die Folge: Es gibt in den Wochen um Weihnachten herum in Hofläden und auf Biomärkten weitaus mehr frische Gänse als Enten zu kaufen. Im Übrigen hat das Fleisch dieser Wasservögel einen höheren Fettgehalt als das von Hühnern.

Freilandputen

Putenzucht lohnt sich auf Grund der steigenden Nachfrage auch im Biobereich. Ein Fahrenzhausener Vermarkter hat sich auf eine Putenrasse namens KellyBronze spezialisiert. Dazu wurde ein Netz von mehr als 30 Biohöfen aufgebaut, die – meist als Nebenerwerbsbetriebe – die Tiere in Freilandhaltung aufziehen. Es handelt sich um robuste, genügsame Tiere, die zwar langsam wachsen, jedoch eine ausgezeichnete Fleischqualität liefern. Zu seinen Kunden gehören nicht nur ausgewählte Biometzgereien, sondern auch führende Hersteller von Babynahrung, die das magere, zarte Putenfleisch zu schätzen wissen.

Gerade aus dem Ei geschlüpft: Küken in Stiepelse an der Elbe.

WINTER REZEPTE

Schweinelende mit Kräuterfüllung

Zubereitungszeit: 20 Min.
Garzeit: 30 Min.
Pro Portion ca.: 330 kcal

Zutaten für 4 Personen:
2 Zweige Rosmarin
3 Zweige Thymian
10 Blätter Basilikum
2 Knoblauchzehen
Meersalz, Pfeffer
2 EL Walnussöl
1 kg Schweinelende (ausgelöstes Kotelettstück)
100–150 ml Weißwein oder Brühe
Öl für die Form

Kräuter waschen und die Nadeln bzw. Blättchen abstreifen, Knoblauch schälen und mit den Kräuterblättchen fein hacken. Mit Salz, Pfeffer und dem Öl zu einer dicken Paste mischen.

Die Schweinelende mit einem langen schmalen Messer der Länge nach in der Mitte durchstechen. Die Kräuterpaste von beiden Seiten in die Öffnung füllen. Das Fleisch außen salzen und pfeffern. Den Backofen auf 220° vorheizen. Eine Form mit Öl fetten, Fleisch hineinlegen und 10 Min. im vorgeheizten Ofen anbraten (Mitte, Umluft 200°). Die Temperatur auf 170° reduzieren und 100 ml Wein oder Brühe angießen. Das Fleisch weitere 25–30 Min. garen und dabei ab und zu mit dem Bratfond beschöpfen. Falls nötig noch etwas Wein oder Brühe dazugießen.

Das Fleisch herausnehmen und in Folie gewickelt abkühlen lassen. Den Bratensaft in eine Schale füllen. Das Fleisch schmeckt am besten kalt in dünne Scheiben geschnitten. Den gelierten Bratfond dazu reichen.

Schweinebraten mit Kruste

Zubereitungszeit: 2 Std.–2 Std. 15 Min.
Pro Portion ca.: 385 kcal

Zutaten für 4 Personen:
1,2 kg Schweineschulter mit Schwarte (vom Metzger rautenförmig einschneiden lassen)
Salz, Pfeffer
1 EL Kümmel
2 Zwiebeln, 1 Möhre
1/8 Knollensellerie
1/2 l dunkles Bier

Den Backofen auf 180° vorheizen. Fleisch mit Salz, Pfeffer und Kümmel würzen. Mit der Schwarte nach oben in eine Fettpfanne legen, eine Tasse Wasser angießen und in den vorgeheizten Ofen (unten, Umluft 160°) schieben. Zwiebeln, Möhre und Sellerie gründlich waschen oder schälen, grob zerkleinern und mit in die Fettpfanne geben.

Das Fleisch insgesamt gut 2 Std. garen, dabei die Schweineschulter alle 10 Min. mit dem Bratfond übergießen. Bei Bedarf etwas Wasser nachfüllen. Nach 1 Std. Garzeit statt Bratfond das dunkle Bier zum Übergießen verwenden.

Fertigen Braten aus dem Ofen nehmen. Sauce durch ein Sieb gießen und nochmals aufkochen. Fleisch in Scheiben schneiden und die Sauce extra servieren. Dazu passen Knödel.

Falls zum Schluss der Garzeit die Kruste noch nicht knusprig ist, Temperatur auf 220° erhöhen und Braten noch 4–6 Min. weiterbraten.

TIPP

Für die Garprobe einen dünnen Metallspieß in die Mitte des Bratens stecken. Ist kein Widerstand spürbar, ist der Braten fertig. Falls doch, Braten noch 10-15 Min. im Ofen lassen, dann nochmals probieren.

Besonders zart und fein ist Kalbstafelspitz.
Er ist auch bereits in 1 1/2 bis 2 Std. gar.

Tafelspitzsalat lässt sich gut aus übrig gebliebenem Fleisch zubereiten:
Das kalte Fleisch in möglichst dünne Scheiben schneiden und auf eine große Platte legen. Eine Sauce aus 3 EL Rinderbrühe, 2 EL Weißweinessig, 1 TL Senf, 1 fein gehackten Zwiebel, Salz, Pfeffer und Zucker rühren. Das Fleisch damit beträufeln. Zugedeckt etwa 30 Min. ziehen lassen. Zum Schluss das Fleisch mit Kürbiskernöl beträufeln und mit Schnittlauchröllchen bestreuen. Dazu kräftiges Bauernbrot reichen. Außerdem passen Radieschen oder Gewürzgurken gut dazu.

WINTER REZEPTE

Tafelspitz

Zubereitungszeit: 30 Min.
Garzeit: 3 Std.
Pro Portion ca.: 290 kcal

Zutaten für 6 Personen:
2 l Rinderbrühe
1,5 kg Tafelspitz
1 Stange Lauch (nur der weiße Teil)
1 große Zwiebel
3 Möhren
2 Petersilienwurzeln
200 g Knollensellerie
1 Stange frischer Meerrettich

Die Brühe in einem großen Topf, in den das Fleischstück gut hineinpasst, aufkochen. Das Fleisch in die siedende Brühe legen und etwa 3 Std. darin bei schwacher bis mittlerer Hitze mehr ziehen als kochen lassen.

Inzwischen das Gemüse schälen, waschen und putzen, Lauch längs halbieren und in große Stücke schneiden, Zwiebel, Möhren und Petersilienwurzeln längs vierteln, Sellerie grob würfeln. Das Gemüse 45 Min. vor Ende der Garzeit zum Fleisch geben. Meerrettich kurz vor dem Servieren schälen und reiben.

Zum Anrichten das Fleisch herausnehmen, in Scheiben schneiden und mit dem Gemüse, etwas Brühe und dem frisch geriebenen Meerrettich anrichten. Dazu passt statt Meerrettich auch Apfelkren (unten) oder grüne Sauce (Seite 15).

Dazu: Apfelkren
2 säuerliche Äpfel schälen, vierteln und ohne Kerngehäuse in Scheibchen schneiden. Äpfel in 1 EL Butter zugedeckt dünsten, bis sie zerfallen. Abkühlen lassen. Ein ca. 5 cm langes Stück Meerrettich schälen und fein reiben, mit dem Apfelmus mischen und nach Belieben mit etwas Salz oder Zucker abschmecken.

Kalbsrahmbraten

Zubereitungszeit: 1 Std. 30 Min.
Pro Portion ca.: 520 kcal

Zutaten für 4 Personen:
2 Zwiebeln, 1 Möhre
1/8 Knollensellerie, 3 EL Öl
1 kg Kalbfleisch (Schulter oder Keule)
Salz, Pfeffer
1 EL Tomatenmark
1/4 l Weißwein, 2 Lorbeerblätter
5 Wacholderbeeren
1/2 TL Pfefferkörner, 200 g Sahne

Den Backofen auf 200° vorheizen. Inzwischen Zwiebeln, Möhre und Sellerie mit einer Gemüsebürste gründlich waschen oder schälen und grob zerkleinern. Das Öl in einem großen Bräter erhitzen. Kalbfleisch mit Salz und Pfeffer würzen und im Öl von allen Seiten anbraten. Das Gemüse 2–3 Min. mitbraten und bräunen lassen, Tomatenmark unterrühren, dann alles mit Weißwein ablöschen. Eine Tasse Wasser angießen, Lorbeer, Wacholderbeeren und Pfefferkörner dazugeben. Den Bräter in den vorgeheizten Backofen (Umluft 170°) schieben.

Das Fleisch mindestens 1 Std. im Ofen garen, dabei den Braten alle 10 Min. mit Bratfond übergießen und gelegentlich wenden. Bei Bedarf Wasser nachfüllen.

Nach 1 Std. die Garprobe machen: einen dünnen Metallspieß in die Mitte des Bratens stecken. Ist kein Widerstand mehr spürbar, ist der Braten fertig. Falls doch, Braten noch etwas im Ofen lassen und nach 10 Min. nochmals probieren. Fertigen Braten und nach Belieben auch das Gemüse aus der Sauce nehmen und warm stellen. Sauce durch ein Sieb passieren, nochmals aufkochen und mit der Sahne verfeinern. Den Braten in Scheiben schneiden und eventuell mit dem Gemüse anrichten. Sauce extra dazu reichen. Dazu passen Nudeln.

TIPP

In die fertige Sauce 2 EL groben Senf und 1/2 Bund fein geschnittenen Estragon geben und einmal aufkochen lassen.

155

Roastbeef lässt sich gut für ein Buffet vorbereiten.

Roastbeef rosa gebraten

Zubereitungszeit: 10 Min.
Garzeit: 2 Std. 10 Min.
Pro Portion ca.: 410 kcal

Zutaten für 4 Personen:
1 kg Roastbeef
Salz, Pfeffer
3 EL Senf
3 El Öl

Den Backofen auf 180° (Umluft 160°) vorheizen. Das Fleisch mit Salz, Pfeffer und dem Senf einreiben und in einer Pfanne in dem heißen Öl von allen Seiten scharf anbraten. Fleisch herausnehmen, auf den Rost des Backofens legen, Fettpfanne darunter schieben. Im Ofen 10 Min. bei 180° braten, dann Hitze auf 80° reduzieren und Fleisch 2 Std. gar ziehen lassen.

Das Fleisch in Scheiben schneiden und warm mit Gemüse oder kalt mit einer Remouladensauce servieren.

Geschnetzeltes in Apfelsauce

Zubereitungszeit: 35 Min.
Pro Portion ca.: 590 kcal

Zutaten für 4 Personen:
1 Zwiebel
2 Äpfel
800 g Schweinefilet
Salz, Pfeffer
2 EL Öl
2 EL Butter
1 TL Honig
1/8 l Weißwein
1/4 l Rinderfond (aus dem Glas)
1/8 l Apfelsaft
200 g Crème fraîche
2 EL frisch gehackter Majoran

Zwiebel schälen und fein würfeln. Die Äpfel schälen oder waschen, vierteln und ohne das Kernhaus in Schnitze schneiden oder würfeln. Fleisch in schmale Streifen schneiden.

Das Fleisch salzen, pfeffern und im heißen Öl 5 Min. scharf anbraten, herausnehmen und zur Seite stellen. Butter in die Pfanne geben und Zwiebel darin glasig dünsten. Äpfel und den Honig dazugeben, hellbraun glasieren, mit Weißwein ablöschen und mit Rinderfond und dem Apfelsaft auffüllen.

Alles 4–6 Min. kochen lassen. Die Crème fraîche einrühren. Fleisch in der Sauce wieder erwärmen. Majoran darüber streuen, Geschnetzeltes nochmals aufkochen und sofort servieren. Dazu passen Spätzle.

TIPP

Schön dunkel wird die Sauce, wenn Sie statt Rinderfond selbst gekochte braune Sauce (Seite 176) zum Schweinegeschnetzelten geben.

WINTER REZEPTE

Kalbskotelett mit Zitrone

Zubereitungszeit: 25 Min.
Pro Portion ca.: 240 kcal

Zutaten für 4 Personen:
4 Kalbskoteletts
Salz, Pfeffer
3 EL Öl
1 Zitrone

Den Backofen auf 180° (Umluft 160°) vorheizen und die Kalbskoteletts mit Salz und Pfeffer würzen.

Das Öl in einer Pfanne erhitzen und die Koteletts darin von beiden Seiten scharf anbraten. In eine Fettpfanne legen und je nach Größe in 10–14 Min. im vorgeheizten Backofen fertig garen.

Die Zitrone vierteln und mit den Koteletts anrichten. Dazu passen Salate.

Rinderfiletsteak

Zubereitungszeit: 25 Min.
Pro Portion ca.: 485 kcal

Zutaten für 4 Personen:
4 Rinderfiletsteaks (à 220 g)
Salz, Pfeffer
3 EL Öl
80 g Knoblauchbutter (aus dem Supermarkt oder selbst gemacht, Seite 55)

Die Steaks von beiden Seiten mit Salz und Pfeffer würzen. Das Öl in einer Pfanne erhitzen und die Steaks darin auf einer Seite scharf anbraten, wenden und auf der anderen Seite anbraten. Die Hitze reduzieren und das Fleisch ohne Wenden auf dieser Seite 8–10 Min. weiterbraten. Die Steaks sind innen rosa, wenn sich auf der Oberseite Fleischsaftperlen bilden.

Die Steaks umgedreht auf angewärmten Tellern anrichten, damit der Fleischsaft wieder zurücklaufen kann. Steaks mit der Knoblauchbutter servieren.

Buletten

Zubereitungszeit: 40 Min.
Pro Portion ca.: 415 kcal

Zutaten für 4 Personen:
1 Brötchen vom Vortag
2 Zwiebeln
500 g gemischtes Hackfleisch
2 Eier
1 EL scharfer Senf
Salz, Pfeffer
Butterschmalz zum Braten

Das Brötchen in dünne Scheiben schneiden, in heißem Wasser einweichen. Zwiebeln schälen und fein schneiden.

Das Brötchen mit der Hand gut ausdrücken, mit Hackfleisch, Zwiebeln, Eiern und Senf mischen. Fleischteig mit Salz und Pfeffer würzen.

Aus dem Fleischteig mit nassen Händen tischtennisballgroße Kugeln formen und diese flach drücken. Butterschmalz in einer Pfanne erhitzen. Buletten darin bei mittlerer Hitze von jeder Seite 5–8 Min. braten.

Schweinefilet mit Rosenkohl

Zubereitungszeit: 50 Min.
Pro Portion ca.: 490 kcal

Zutaten für 4 Personen:
750 g Rosenkohl
1 Schweinefilet (ca. 600 g)
Salz, Pfeffer
100 g durchwachsener Räucherspeck in dünnen Scheiben
150 ml Weißwein
1 EL Butter, 1 TL Zucker
200 g Maronen/Esskastanien (vakuumverpackt oder frische, im Backofen geröstet und geschält)
Öl für die Form

Vom Rosenkohl die äußeren Blätter entfernen, den Strunk etwas abschneiden und kreuzweise einschneiden. Backofen auf 240° (Umluft 220°) vorheizen. Wasser für den Rosenkohl aufkochen.

Vom Filet Häute und Sehnen entfernen. Fleisch salzen und kräftig pfeffern, in etwa die Hälfte der Speckscheiben wickeln und in einer leicht geölten Auflaufform im vorgeheizten Backofen (Mitte) 5–10 Min. anbraten. Die Temperatur auf 180° (Umluft 160°) reduzieren, 100 ml Weißwein dazugießen und Fleisch weitere 15–20 Min. garen. Aus dem Ofen nehmen und zugedeckt 5 Min. ruhen lassen.

Inzwischen den Rosenkohl mit 2 TL Salz im kochenden Wasser 15 Min. garen, abgießen und warm halten. Den restlichen Speck würfeln, 1 EL Butter in einer Pfanne erhitzen und den Speck darin knusprig braten. Aus der Pfanne nehmen und mit dem Rosenkohl mischen.

Zucker in der Pfanne karamellisieren lassen, die Maronen darin schwenken. Mit restlichem Weißwein ablöschen. Wein einkochen lassen. Rosenkohl untermischen.

Filet in Scheiben schneiden, mit Bratensaft beträufeln und mit dem Rosenkohl servieren.

Rindfleisch in Rotwein

Zubereitungszeit: 3 Std.
Marinierzeit: 2 Std.
Pro Portion ca.: 390 kcal

Zutaten für 4 Personen:
1/2 Bund getrockneter Thymian
750 g Rindfleisch (Wade oder Schulter)
3 EL Öl
1/4–1/2 l Rotwein
250 g Schalotten
1 Knoblauchzehe, 1 EL Mehl
Salz, Pfeffer
1 kleine Dose Tomaten (400 g)
Zucker, 1–2 EL Orangenlikör

Blättchen von 1 Thymianzweig abstreifen. Rindfleisch in 3–4 cm große Würfel schneiden, mit den Thymianblättchen bestreuen und mit 1 EL Öl und gut 1/4 l Rotwein mindestens 2 Std. marinieren.

Schalotten und Knoblauch schälen. 1–2 Schalotten und den Knoblauch hacken. Fleisch aus der Marinade nehmen, trockentupfen und mit Mehl bestäuben. 1 EL Öl in einem großen Schmortopf erhitzen. Fleisch darin in zwei Portionen bei starker Hitze rundherum anbraten, herausnehmen und mit Salz und Pfeffer würzen. Ganze Schalotten 2–3 Min. im restlichen Öl bräunen, herausnehmen und beiseite stellen.

Gehackte Schalotten und Knoblauch kurz im Schmortopf anbraten. Fleisch und Thymianzweige dazugeben. Alles mit Marinade ablöschen. Tomaten aus der Dose dazugeben. Alles aufkochen, zugedeckt bei schwacher bis mittlerer Hitze 1 1/2 Std. schmoren lassen, bei Bedarf Rotwein angießen.

Dann die ganzen Schalotten zum Fleisch geben. Alles noch gut 1/2 Std. weiterschmoren. Zum Schluss Ragout mit Salz, Pfeffer, Zucker und Orangenlikör abschmecken.

Fleisch und Schalotten zuerst kräftig anbraten. So entstehen Röst- und Aromastoffe, die eine hervorragende Basis für die Sauce bilden.

Sauerteig braucht 4 Tage Zeit zum Gären. Wenn es schneller gehen soll, Sauerteig-Pulver im Bioladen oder im Reformhaus kaufen.

Roggenbrot
Wer etwas Erfahrung mit Sauerteig hat, sollte damit auch mal ein klassisches Roggenbrot backen: Dazu 1 kg Roggenmehl mit einem Sauerteig Grundrezept und etwas lauwarmem Wasser anrühren. Teig 12 Std. gären lassen. Dann Salz zugeben und schnell verkneten. Teig in eine größere Kastenform legen, nochmals 1 Std. gehen lassen und wie Mischbrot backen.

Sauerteig Grundrezept

Zubereitungszeit: 5 Min.
Gärzeit: 4 Tage
Pro Portion ca.: 100 kcal

Zutaten für 1 Portion:
12 EL Roggenmehl
3 Schraubgläser mit Deckel

In einem sauberen Schraubglas 4 EL Roggenmehl mit 3–6 EL lauwarmem Wasser zu einem flüssigen Teig verrühren. Deckel verschließen, einige Löcher hineinstechen und Teig an einem warmen Ort 48 Std. gären lassen. Dann das Glas öffnen, 1 EL Teig aus der Mitte des Glases entnehmen und diesen wieder mit 4 EL Roggenmehl und etwas lauwarmem Wasser in einem sauberen Schraubglas mit Lochdeckel anrühren. Restlichen Teig wegwerfen. Das Glas mit dem frisch angerührten Teig verschließen und an einem warmen Ort 24 Std. gären lassen. Diesen Vorgang am nächsten Tag wiederholen. Nach 24 Std. Gärzeit kann der Sauerteig zu Brot weiterverarbeitet werden.

Sauerteigsuppe

Zubereitungszeit: 45 Min.
Sauerteig: 4 Tage
Ruhezeit: 12 Std.
Pro Portion ca.: 550 kcal

Zutaten für 4 Personen:
1 Grundrezept Sauerteig
100 g Roggenmehl (Type 1150)
1 Zwiebel, 150 g Räucherspeck
500 g Kartoffeln
1 Bund Petersilie, 1 EL Öl
1 l Rinderbrühe, 4 Wiener Würstchen
Salz, Pfeffer, 2 EL Apfelessig

Sauerteig nach dem Grundrezept herstellen und mit dem Roggenmehl und ca. 200 ml lauwarmem Wasser zu einem flüssigen Teig anrühren. Teig abdecken und 12 Std. an einem warmen Ort gären lassen.

Zwiebel schälen und klein schneiden. Speck ohne Schwarte und Knorpel fein würfeln. Kartoffeln schälen und würfeln. Petersilie waschen, Blättchen fein hacken.

Zwiebeln und Speck in Öl glasig dünsten, Kartoffeln dazugeben, kurz mitdünsten. Die Rinderbrühe angießen und alles 10 Min. kochen lassen. Den Sauerteig in die Suppe einrühren und unter ständigem Rühren nochmals 10 Min. kochen lassen. Wiener Würstchen gegen Ende der Garzeit kurz mit erhitzen. Suppe mit Salz, Pfeffer und Essig abschmecken und mit Petersilie bestreut servieren.

Mischbrot

Zubereitungszeit: 25 Min.
Sauerteig: 4 Tage
Ruhezeit: insgesamt 13 Std. 20 Min.
Backzeit: 60 Min.
Bei 24 Scheiben pro Scheibe ca.: 120 kcal

Zutaten für 1 Brot:
1 Grundrezept Sauerteig
500 g Roggenmehl (Type 1150)
500 g Weizenmehl (Type 405)
1/2 Würfel Hefe (21 g)
Zucker, Salz
Öl für die Form
Mehl für die Arbeitsfläche

Sauerteig nach dem Grundrezept herstellen und mit dem Roggenmehl und 1/4–1/2 l lauwarmem Wasser zu einem sehr weichen Teig verrühren. Teig abdecken und 12 Std. an einem warmen Ort gären lassen.

Weizenmehl in eine Schüssel sieben, eine Mulde in die Mitte drücken. Die Hefe hineinbröckeln, 1 Prise Zucker dazugeben und mit 100 ml lauwarmem Wasser und etwas Mehl zu einem flüssigen Vorteig verrühren. Teig abdecken und 20 Min. gehen lassen.

Eine Kastenform oder runde Form mit Öl einpinseln. Arbeitsfläche mit Mehl bestäuben, beide Teige auf die Arbeitsfläche schütten. 2 TL Salz zugeben und alles gut miteinander verkneten. Der Teig soll nicht an den Händen kleben. Teig in die Form einlegen, abdecken und 1 Std. an einem warmen Ort gehen lassen.

Inzwischen den Backofen auf 250° (Umluft 220°) vorheizen. Das Brot hineinschieben. 1/8 l Wasser auf den Backofenboden schütten, damit Dampf entsteht. Backofentür sofort schließen. Das Brot 1 Std. backen, dann die Garprobe machen: Das Brot ist fertig, wenn es hohl klingt, wenn man darauf klopft.

WINTER REZEPTE

Möhren-Brötchen mit Sesam

Zubereitungszeit: 40 Min.
Ruhezeit: insgesamt 1 Std. 20 Min.
Backzeit: 15–20 Min.
Pro Stück ca.: 150 kcal

Zutaten für 24 Brötchen:
400 g Möhren
Salz
100 g Sesamsamen
1 Grundrezept Hefeteig für Brot (rechts)
Öl oder Backpapier für das Blech

Möhren schälen, in Salzwasser in 30 Min. weich kochen, abgießen und pürieren. Sesam goldbraun rösten. Inzwischen den Hefeteig für Brot nach dem Grundrezept zubereiten, den Vorteig ansetzen und ruhen lassen.

Möhren und zwei Drittel der Sesamsamen mit den übrigen Grundrezept-Zutaten, aber zunächst ohne Wasserzugabe unter den Vorteig mischen. Falls der Teig zu trocken wird, noch etwas lauwarmes Wasser unterkneten. Der Teig sollte nicht an den Händen kleben. Teig, wie im Grundrezept beschrieben, weiterverarbeiten.

Backofen auf 180° vorheizen. Backblech mit Papier belegen oder fetten. Aus dem Teig 24 Brötchen formen und diese auf das Blech setzen. Brötchen mit Wasser bepinseln, restlichen Sesam darüber streuen. Brötchen im vorgeheizten Backofen (Mitte, Umluft 160°) 15–20 Min. backen.

Hefeteig für Brot Grundrezept

Zubereitungszeit: 15 Min.
Ruhezeit: insgesamt 1 Std. 20 Min.
Backzeit: 45 Min.
Bei 24 Scheiben pro Scheibe ca.: 125 kcal

Zutaten für 1 Brot:
750 g Mehl (Type 405)
1 Würfel Hefe (42 g)
Zucker, 4 EL Öl
150 g Quark (Magerstufe)
1 TL Natron
Salz
Öl für die Form

Mehl in eine Schüssel sieben, eine Mulde in die Mitte drücken. Hefe hineinbröckeln, 1 Prise Zucker dazugeben und mit ca. 100 ml lauwarmem Wasser und etwas Mehl zu einer Paste verrühren. Die Schüssel mit einem Tuch abdecken. Vorteig an einem warmen Ort 20 Min. gehen lassen.

Dann Öl, Quark, Natron, 1 Prise Salz und 1/8–1/4 l lauwarmes Wasser in die Schüssel geben und alles zu einem festen Teig verkneten. Der Teig sollte geschmeidig sein, aber nicht an den Händen kleben. Teig 1 Std. zugedeckt ruhen lassen.

Den Backofen auf 180° vorheizen. Den Teig nochmals kräftig durchkneten. Eine größere Kastenform, runde Form oder einen Tontopf fetten. Teig hineingeben und mit Wasser bepinseln. Brot im Backofen (Mitte, Umluft 160°) in 45 Min. goldbraun backen.

Variante: Kräuterbrot mit Käse
Hefeteig für Brot nach dem Grundrezept zubereiten. Vorteig ansetzen und ruhen lassen. 1 Bund Petersilie und je 1/2 Bund Thymian und Rosmarin waschen, Blättchen abzupfen und fein hacken. 80 g reifen Bergkäse reiben. Kräuter und Käse mit den übrigen Grundrezept-Zutaten unter den Teig mischen. Den Teig, wie im Grundrezept beschrieben, weiterverarbeiten und backen.

Mit frischer Hefe einen Vorteig anrühren und gehen lassen, der Hefeteig für Brot gelingt dann immer.

Den Guglhupf können Sie statt mit Dinkelmehl auch mit Weizenmehl oder Vollkornmehl zubereiten.

Hefeteig ist empfindlich.
Damit er schön aufgeht, Schüssel immer mit einem Tuch abdecken. Teig an einem warmen Ort gehen lassen, bis sich sein Volumen verdoppelt hat. Kuchen mit schweren Zutaten, wie etwa der Guglhupf, brauchen unbedingt einen Vorteig. Probieren Sie auch mal verschiedene Mehle aus: Dinkel hat die gleichen Backeigenschaften wie Weizen, ist aber herzhafter. Vollkornmehle ergeben schwerere Teige und brauchen etwas mehr Flüssigkeit. Roggenmehl am besten mit anderem Mehl mischen.

WINTER REZEPTE

Dinkel-Guglhupf

Zubereitungszeit: 20 Min.
Ruhezeit: insgesamt 1 Std. 20 Min.
Backzeit: 45 Min.
Bei 12 Stücken pro Stück ca.: 280 kcal

Zutaten für 1 Guglhupfform:
500 g Dinkelmehl (Type 630)
1/2 Würfel Hefe (ca. 20 g)
4 EL Zucker
1/4 l lauwarme Milch
100 g Rosinen
100 g Butter
Salz
2 Eier
Mehl für die Arbeitsfläche
Öl für die Form

Dinkelmehl in eine Schüssel sieben, eine Mulde in die Mitte drücken. Hefe hineinbröckeln, 1 Prise Zucker dazugeben und mit etwas lauwarmer Milch zu einem flüssigen Vorteig anrühren. Teig zugedeckt 20 Min. gehen lassen.

Inzwischen Rosinen in warmem Wasser 15 Min. einweichen, abtropfen lassen. Butter schmelzen. Den restlichen Zucker, die restliche Milch, Rosinen, Butter, Salz und Eier zu dem Dinkelmehl geben und alles zu einem weichen Teig verkneten. Teig nochmals 1 Std. gehen lassen.

Zum Schluss der Ruhezeit Backofen auf 180° vorheizen. Form mit Öl einpinseln. Arbeitsfläche mit Mehl bestäuben und den Teig darauf gut durchkneten. Teig zu einer Rolle formen, in die Form einlegen und im Backofen (Mitte, Umluft 160°) in etwa 45 Min. goldbraun backen.

Buchteln

Zubereitungszeit: 30 Min.
Ruhezeit: insgesamt 1 Std.
Backzeit: 40 Min.
Bei 10 Buchteln pro Stück ca.: 335 kcal

Zutaten für 8–10 Buchteln:
500 g Weizenmehl
75 g Zucker
1/2 Würfel frische Hefe (ca. 20 g)
1/4 l lauwarme Milch
75 g Butter
Salz
1 Ei
abgeriebene Schale von 1/2 unbehandelten Zitrone

Für den Milchguss:
1/4 l Milch
25 g Zucker
40 g Butter

Das Mehl in eine Schüssel sieben, den Zucker darüber streuen. Eine Mulde in die Mitte drücken. Hefe hineinbröckeln und mit lauwarmer Milch und etwas von dem Mehl zu einer Paste verrühren. Etwas Mehl darüber streuen. Vorteig zugedeckt 30 Min. gehen lassen. Die Butter schmelzen und wieder abkühlen lassen.

Den Vorteig mit dem übrigen Mehl, 1 Prise Salz und dem Ei verrühren. Zitronenschale und Butter in den Teig einarbeiten. Den Teig schlagen, bis er glänzt und sich von der Schüssel löst. Teig mit etwas Mehl bestreuen und noch einmal 30 Min. gehen lassen. Den Backofen auf 200° vorheizen.

Aus dem Teig 8–10 Klöße formen, diese in eine Auflaufform setzen und noch einmal kurz ruhen lassen. Die Milch für den Guss etwas erwärmen, mit Zucker und Butter verrühren und über die Klöße gießen. Teig im vorgeheizten Backofen (unten, Umluft 170°) in 25–30 Min. goldbraun backen. Die Buchteln noch 5–10 Min. im ausgeschalteten Backofen ruhen lassen. Mit Vanillesauce (Variante Seite 41) servieren.

165

Wie gewachsen:
Bio-Fleisch

Die Berücksichtigung der natürlichen Lebensbedürfnisse ist in der biologischen Tierhaltung oberstes Prinzip. Das heißt zunächst einmal viel Bewegungsfreiheit für Schweine, Rinder und Ziegen, gleichzeitig Verzicht auf artfremde Zusatzmittel im Futter.

Dieter Wiemer behauptet, dass eine Sau genau drei Monate, drei Wochen und drei Tage trächtig ist. Der Landwirt aus Lohne in Westfalen muss es wissen, denn er, hat mit seinen 75 Jahren schon bei so manchem Borstenvieh Geburtshilfe geleistet. »Den Tierarzt, den brauchen wir dazu nicht,« erläutert er, »das machen wir alles alleine«. Auch sonst sehen seine 12 Edelsäue und der gigantische Hamshire-Duroc-Eber den Veterinär eher selten, denn Wiemers Schweine sind so gut wie nie krank. Sie führen ein gesundes Leben: haben reichlich Stroh zum Schlafen, viel Auslauf auch im Winter und ein Schlammloch zum Suhlen. Sie laben sich an Gersten- und Weizenschrot, dem Mineralstoffe zugesetzt sind. Manchmal gibt´s sogar Kartoffeln. Und die Ferkel dürfen sich auf der Wiese, ihrem Rennplatz, austoben, denn nicht umsonst heißen sie auch Renner. Selbstverständlich ist dieses herrliche Leben kein Privileg der rosa Rasseschweine aus Lohne. Ähn-

Das bedeutet aber auch zusätzlichen Aufwand bei geringeren Erträgen, denn die Gewichtszunahme erfolgt langsamer. Biofleisch muss also teurer abgegeben werden, doch die Ausgaben lohnen sich: Fleisch von artgerecht gehaltenen Tieren schmeckt einfach besser.

lich ergeht es allen anderen Schweinen, die das Glück haben, in einem Bio-Betrieb aufzuwachsen. Ebenso wichtig wie die artgerechte Haltung ist eine Fütterung unter Verzicht auf Wachtumshormone und »Kraft«zusätze. Die Tiere wachsen so zwar langsamer, und auch ihr Schlachtgewicht fällt geringer aus, doch steigt dadurch die Fleischqualität. So ist Tierliebe nur ein Grund, Schweine froh zu machen. Das Fleisch schmeckt einfach besser, behält in der Pfanne seine Form, Wurst und Schinken sind aromatischer.

Schinken und Wurst

Das Prinzip der artgerechten Behandlung gilt auch für die Fleischverarbeitung. Bei der Schlachtung ist es wichtig, dass die Tiere dabei so ruhig wie möglich gehalten werden. Zu großer Stress würde dem Fleisch schaden. Größere Ökohöfe mit täglich vielen Schlachtungen bringen die Schweine daher zur Beruhigung zunächst in eine Wartbucht, die sie von dem Geschehen abtrennt. Die Metzgerei ist unmittelbar angeschlossen. Warmfleischverarbeitung

Im Schweinegalopp: Ferkel der Schwäbisch-Hällischen Landsau bei ihrer täglichen Wiesen-Ralley bei den Herrmannsdorfer Landwerkstätten in Glonn.

Auch wenn dieser Bulle grimmig dreinschaut: Die Limousinrinder von Gut Hasselhof sind friedliche Tiere.

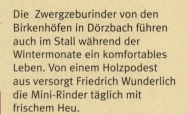

Die Zwergzeburinder von den Birkenhöfen in Dörzbach führen auch im Stall während der Wintermonate ein komfortables Leben. Von einem Holzpodest aus versorgt Friedrich Wunderlich die Mini-Rinder täglich mit frischem Heu.

heißt die Methode, das Fleisch direkt nach der Schlachtung zu zerlegen und zu verwursten. Natürliche Phosphate und Citrate sind im schlachtfrischen Fleisch noch ausreichend vorhanden und brauchen nicht künstlich zugesetzt zu werden.

Die Biometzger der »Herrmannsdorfer Landwerkstätten« in Glonn bei München sind besonders stolz auf ihren luftgetrockneten Knochenschinken à la San Daniele. Der Aufwand ist beträchtlich: Ausgesuchte Schweinekeulen lagern wochenlang in grobem Meersalz, bevor sie für drei Monate in den »Durchbrennraum« kommen. Nach Zuschnitt und Versiegeln der Schnittflächen mit Mehl und Schweinefett lässt man sie 12 bis 15 Monate in kühlen, dunklen Räumen reifen. Nach kritischer Kontrolle durch Metzgermeister Alex Schuhbauer werden sie dann an Restaurants und Delikatessengeschäfte verkauft. Auf Hilfsmittel kann auch bei der Salamiherstellung verzichtet werden. Ihre Festigkeit erhält die Dauerwurst durch einen abgestimmten Feuchtigkeitsentzug, ein Vorgang, der von der Natur selbst in genialer Weise gesteuert wird. Die Wurst bildet auf der Oberfläche einen Edelschimmel, der den Wasserentzug in Grenzen hält. Drei Monate benötigt so eine Salami, bis sie hart geworden ist. Dann ist etwa ein Drittel ihres Wassers verdunstet. Ganz ohne Kompromisse geht es allerdings auch in der Öko-Metzgerei nicht. Fahlgrau würde zwangsläufig jedes Fleisch, wenn es nicht vorher mit Nitrit-Pökelsalz behandelt würde. Einige Bioverbände lehnen jedoch auch diese Behandlung strikt ab.

Alte Rassen

Unter Schweinezüchtern gilt es inzwischen als ausgemacht, dass sich die alten Rassen wesentlich besser für artgerechte Aufzucht eignen als modernes, auf maximalen Ertrag gezüchtetes Hochleistungsvieh. Längst hat man sich im Biobereich auf die Nachzucht der fast ausgestorbenen Arten spezialisiert. Für die Schweinebetriebe sind das hauptsächlich das Piétrain-Schwein, das Schwäbisch-Hällische, und das bereits erwähnte Hamshire-Duroc-Schwein. Bio-Rinderzüchter hingegen setzen auf die bewährten Rassen von Agnus-, Charolais- oder Limousin-Rindern, die auch in den konventionellen Höfen stehen. Für die Öko-Fleischproduktion werden Rinder meist in so genannten Mutterkuhherden auf der Weide gehalten. Kühe, Kälber und Bullen grasen dort gemeinsam.

Rosalie vom Hasselhof

Rosalie hieß die erste Limousin-Kuh, die im Gut Hasselhof vor knapp zehn Jahren das Licht der Welt erblickte. Ihr Besitzer, der diplomierte Biologe Dietmar Veith, hatte gerade mit seiner Frau Ulrike den idyllischen Bauernhof bei Aachen gepachtet, als Quereinsteiger sozusagen. Für die beiden war von Anfang an klar: Melken wollten sie nicht. Ihnen schwebte die Produktion von Qualitätsfleisch aus Biorindern vor, und da kam ihnen die anspruchslose Rasse mit dem braun gefärbten Vieh wie gerufen. Heute zählt ihre Herde mehr als 45 Tiere, die fast das ganze Jahr über auf der Weide stehen. Sie ernähren sich von den dort wachsenden Pflanzen oder von Heuvorräten, die der Bauer für sie angesammelt hat, und nehmen pro Tag etwa 1,5 kg zu. Die zellulosereiche Nahrung ist genau auf ihr Verdauungssystem abgestimmt. Auf Kraftfutter wird bewusst verzichtet und damit auch auf die 30%ige Ertragssteigerung. Das langsamere Wachsen ergibt festes, marmoriertes Fleisch, das Veith ohne Umwege direkt vermarktet. Der Familienverbund der Herde ist intakt, die Kälber werden 10 Monate lang gesäugt, und der Zuchtbulle behält den Überblick. Zum Abkalben bringt Veith die trächtige Kuh in den Stall zurück. Manchmal passiert es jedoch, dass ihm seine Hanna, Olga oder Laura zuvorkommt und das Neugeborene schon auf der Wiese präsentiert. Ansonsten kennt der Landwirt seine Herde sehr genau und weiß sogar, wie und wo jede einzelne Kuh gestreichelt werden möchte. Und auch die Tiere akzeptieren ihn als Boss. Nur einmal kannten sie ihn nicht mehr. Das war, als er unvorbereitet mit seiner neuen Hütehündin Lara ankam. Plötzlich war für die Rinder die Hierarchie durcheinander geraten. In Panik griffen sie den Chef an, trampelten ihn nieder und verletzten ihn am Ohr.

Doch in der Regel sind Rindviecher als friedlich und geduldig bekannt. Das trifft besonders für eine exotische Rasse zu, die in Deutschland bei Bio-Züchtern immer beliebter wird: Zwergzebus heißen die robusten und besonders genügsamen

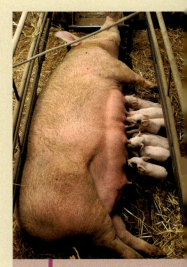

Damit die Muttersau ihre Ferkel nicht versehentlich erdrückt, bekommt sie in der ersten Woche nach der Geburt ein enges Gatter.

BIO-FLEISCH REPORTAGE

Tiere, die nicht größer als ein Pony werden und ursprünglich nur in Sri Lanka und im Kaukasus beheimatet waren. Ihr besonderes Kennzeichen: der Höcker im Nacken. Ihr Verdauungsapparat ist auf besonders faserreiches Futter angewiesen. Zwergzebus machen sich sogar über Sträucher und Hecken her, weshalb sie in Süddeutschland neuerdings sogar zur Landschaftspflege eingesetzt werden. Sie fressen sich durch verwilderte Hang- und Grünflächen, selbst in extremer Steillage. Ihr Fleisch ist feinfasrig und dunkelrot und hat aufgrund der Vorliebe der Tiere für Kräuter einen würzigen Geschmack.

Schafe – schon immer bio

Auch Lammfleisch ist etwas für Kenner. Das meiste in Deutschland produzierte stammt allerdings von jungen Schafen. Nur »Junglammfleisch« ist tatsächlich von Lämmern. Die Haltung der Tiere ist seit jeher artgerecht. Mit ausschließlicher Stallhaltung hat man schlechte Erfahrung gemacht. Lammfleisch zeichnet sich durch eine feine Struktur und würzigen Geschmack aus. Neben magerem Filet sind auch die von Fettadern durchzogenen Teile wie Kotelett, Rücken oder Keule sehr beliebt.

Einkaufstipp

Es lohnt sich, beim Kauf von Biofleisch einige Punkte zu beachten. Welches Stück am besten gewählt wird, kommt ganz auf den Verwendungszweck an. Nicht immer ist das teuerste Stück auch das beste. Ein Filet eignet sich zwar zum Kurzbraten, ist jedoch im Gulasch oder in der Suppe fehl am Platz. Der beste Ratgeber beim Einkauf ist der Metzger. Von ihm kann man auch erfahren, ob das Fleisch gut »abgehangen« ist. Fleisch, das nicht sofort verarbeitet wird, bleibt in großen Stücken – meist als Tierhälften – bis zu zehn Tage im Kühlhaus. In diesem Zeitraum lockern die vorhandenen Enzyme das Bindegewebe und das Fleisch wird zarter. Bei Rinderfilets kann man es oft an der Färbung erkennen: Abgehangene Stücke sind deutlich dunkler. Kleine Fettadern im Fleisch sind ein Qualitätsmerkmal: Solche Fleischstücke bleiben wesentlich saftiger beim Schmoren und Braten. Bei Rindfleisch ist Färsen- und Ochsenfleisch von besserem Geschmack als Bullenfleisch.

In jedem Fall lohnt sich der Besuch einer Biometzgerei, in der die Käufer individuell beraten werden. Für Rindfleisch gibt es seit einiger Zeit EU-weit strenge Etikettierungsvorschriften. Auf der verpackten Ware müssen neben dem Haltbarkeitsdatum auch exakte Daten über die Herkunft gemacht werden. So erfährt der Käufer nicht nur, wo das entsprechende Tier geboren und aufgewachsen ist, sondern auch, wo es geschlachtet und zerlegt wurde. Oft stehen auf den Verpackungen auch freiwillige Angaben über die Haltungsbedingungen, Rasse und Qualitätseigenschaften des Fleischs. Für Schweinefleisch und Lammfleisch gelten diese strengen Vorgaben nicht.

Die Würste, die Liesel Markhoff vom Serkehof in Bad Sassendorf in die Räucherkammer hängt, sind ohne künstliche Zusätze. Rauch von Buchenholz verleiht ihnen ein markantes Aroma.

170

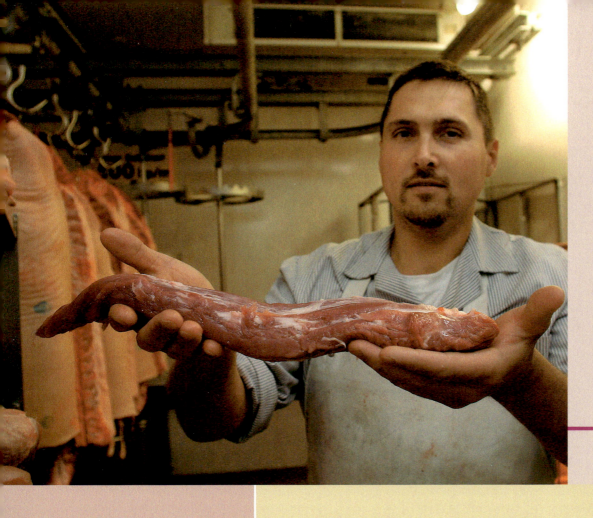

Gut abgehangen ist das Schweinefilet, das Metzgermeister Alex Schuhbauer von den Herrmannsdorfer Landwerkstätten aufgeschnitten hat. Das Abhängen erfolgt allerdings nur in größeren, zusammenhängenden Stücken, meist halben Tieren, ansonsten würde das Fleisch zu schnell durchreifen.

Duftprobe: Mit einer Nadel aus Pferdeknochen hat Schuhbauer in den Schinken gestochen und prüft so Aroma und Reifezustand.

Über ein Jahr hängen die luftgetrockneten Knochenschinken im Reiferaum. In hauchdünne Scheiben geschnitten gelten sie als Delikatesse.

Konfitüre, Sirup & Co. aus der eigenen Küche sind

schnell zubereitet. Hier finden Sie Rezepte und Tipps, damit fruchtig eingemachte Spezialitäten garantiert gelingen.

Konfitüre aus Erdbeeren ist immer noch am beliebtesten.

Konfitüre klassisch

500 g Früchte, 500 g Gelierzucker, nach Belieben Zitronensaft, Gewürze, Alkohol zum Aromatisieren
Früchte putzen und klein schneiden. Mit dem Zucker und eventuell den Gewürzen mischen. In einem großen, breiten Topf unter Rühren zum Kochen bringen und 5 Min. kochen lassen (Küchenwecker stellen). Heiß in sterilisierte Gläser füllen und sofort verschließen. Kühl und dunkel aufbewahren. Hält sich etwa 1 Jahr.

Konfitüre aus der Mikrowelle

500 g Früchte, 250 g Gelierzucker 2:1, nach Belieben Zitronensaft, Gewürze, Alkohol zum Aromatisieren
Früchte putzen und klein schneiden. Mit dem Zucker und eventuell den Gewürzen mischen. In einem Mikrowellen geeigneten Gefäß in der Mikrowelle bei 600 Watt 5 Min. kochen lassen. Heiß in sterilisierte Gläser füllen und sofort verschließen. Kühl und dunkel aufbewahren. Hält sich etwa 1/2 Jahr.

Konfitüre kaltgerührt

250 g Früchte, 250 g Gelierzucker, nach Belieben Zitronensaft, Gewürze, Alkohol zum Aromatisieren
Früchte putzen und klein schneiden. Mit dem Gelierzucker im Mixer oder mit dem Pürierstab 30 Min. mixen (auf die mögliche Betriebsdauer des Geräts achten). Die Konfitüre wird nur fest, wenn man die Zeit einhält. Sie ist nicht lange haltbar, darum kleine Mengen zubereiten und im Kühlschrank aufbewahren.

Zwetschgenmus aus dem Backofen

2 kg Zwetschgen, 100–300 g Zucker, nach Belieben Gewürze wie Sternanis, Zimt, Nelken
Zwetschgen entsteinen, klein schneiden, mit wenig Zucker (je nach Süße der Früchte) und Gewürzen mischen und bei 150° im Backofen 2 Std. backen, bis die Fruchtmasse dick wird. Dabei ab und zu umrühren. Mus in sterilisierte Gläser füllen und sofort verschließen. Kühl und dunkel aufbewahren. Das Zwetschgenmus hält sich etwa 1/2 Jahr.

Gewürzpreiselbeeren

500 g Preiselbeeren, 1/8 l Kirschsaft, 250 g Gelierzucker 3:1, 1/2 TL 5-Gewürze-Pulver (ersatzweise gemahlener Zimt, Nelken und Piment), Cayennepfeffer
Preiselbeeren waschen, abtropfen lassen und verlesen. Mit dem Saft, Gelierzucker und 5-Gewürze-Pulver mischen und aufkochen. 5 Min. unter Rühren sprudelnd kochen lassen. Nach Geschmack mit Cayennepfeffer würzen. In sterilisierte Gläser füllen und sofort verschließen. Kühl und dunkel aufbewahren. Hält sich etwa 1 Jahr, passt gut zu Wild, Lamm oder Käse.

Saft

1 kg Früchte, z. B. Beeren
Um kleine Mengen zu entsaften, braucht man einen Kochtopf, ein Sieb und ein Mulltuch. Die Früchte waschen, putzen, eventuell zerkleinern und mit 1/4–1/2 l Wasser knapp weich kochen. Das Tuch in das Sieb legen, die Früchte hineingießen und abtropfen lassen. Das Tuch zusammendrehen und Früchte mit einem Teller beschweren, aber nicht fest ausdrücken. Sonst wird der Saft trüb. Aus dem Saft lässt sich Sirup oder Gelee herstellen. Für größere Mengen ist der Dampfentsafter geeignet.

Likör

1 l selbst gemachter Saft, 500 g Zucker, 1/2 l Wodka oder anderer neutraler Alkohol, Vanilleschoten, Sternanis, Zimt oder andere aromatische Gewürze
Den Saft mit Zucker und Gewürzen nach Geschmack aufkochen. 24 Std. stehen lassen. Dann mit dem Alkohol mischen, in Flaschen füllen und 60 Tage ruhen lassen.

Sirup

Sirup wird aus Wasser, Saft, Wein oder einem Gemisch, außerdem Zucker und Gewürzen hergestellt. Die Zuckermenge richtet sich nach Geschmack und Verwendungszweck des Sirups. Sirup mit hohem Zuckeranteil ist länger haltbar.

GRUNDREZEPTE

Waldmeistersirup

100 g Zucker, 2 Bund Waldmeister

200 ml Wasser mit dem Zucker aufkochen, dann auf den Waldmeister gießen. Mischung 6 Std. ziehen lassen, dann durch ein Sieb gießen. Sirup in eine sterilisierte Flasche füllen und kühl aufbewahren.

Holunderblütensirup

0,7 l Weißwein, 1 TL Zitronensäure, 4 unbehandelte Zitronen, 15–20 Holunderblütendolden, 1,5 kg Zucker

Weißwein mit 800 ml Wasser und der Zitronensäure mischen. Zitronen waschen und in Scheiben schneiden, mit den Holunderblüten zum Wein geben. Mischung im Kühlschrank 5 Tage ziehen lassen. Öfter mal umrühren. Durch ein Sieb in einen Topf gießen, Zucker dazugeben und 5 Min. kochen lassen. Sirup dann in sterilisierte Flaschen füllen und sofort verschließen. Ist mindestens 6 Monate haltbar.

Birnenkraut/Apfelkraut

2,5 kg Birnen oder Äpfel, 1/2 l Apfelsaft,
1/2 TL gemahlener Piment, 1 Stange Zimt,
2–3 EL Zitronensaft

Birnen oder Äpfel waschen, vierteln, mit Apfelsaft, Piment und Zimt aufkochen und 1 Std. bei schwacher Hitze leise kochen lassen, bis die Früchte zu Mus zerfallen. Gelegentlich umrühren. Ein Sieb mit einem Tuch auslegen. Birnen oder Äpfel am besten portionsweise hineingießen und den Saft ablaufen lassen. Leicht ausdrücken. Saft und Zitronensaft in einem weiten Topf offen unter häufigem Rühren einkochen, bis er dickflüssig wird. In sterilisierte Gläser füllen und sofort verschließen. Schmeckt als Brotaufstrich und kann statt Honig zum Süßen verwendet werden.

Grüne Walnüsse

800 g grüne Walnüsse (Anfang Juli ernten), 1 kg Zucker, 5 Gewürznelken, sehr dünn abgeschälte Schale von 1 unbehandelten Zitrone

Nüsse waschen, mit einer Gabel rundum einstechen. In einer Schüssel mit Wasser 2 Wochen stehen lassen. Das Wasser täglich wechseln. Nüsse abgießen und in kochendem Wasser 3 Min. blanchieren. Abtropfen lassen. 1 l Wasser mit dem Zucker und den Gewürzen zu Sirup kochen, die Nüsse dazugeben und 10 Min. kochen lassen. In sterilisierte Gläser füllen und sofort verschließen. Passt zu Salaten, Pasteten, Käse und Desserts.

Einmachtipps: So gelingen perfekte Vorräte

Gläser: Gut geeignet sind Twist-off-Gläser, auch gebrauchte. Glas und Deckel müssen unbeschädigt sein. Gläser auf ein nasses Tuch stellen, damit sie beim Einfüllen nicht springen. Fruchtmasse bis dicht unter den Rand einfüllen, darauf achten, dass keine Luftblasen entstehen. Nach dem Abfüllen die Gläser für 5 Min. auf den Deckel stellen, so verteilen sich die Fruchtstücke gut, es entsteht ein Vakuum und schließt sie luftdicht ab. Gläser etikettieren (mit Datum) und kühl und dunkel aufbewahren.

Zum Sterilisieren saubere Gläser zur Hälfte mit heißem Wasser füllen und in der Mikrowelle bei 600 Watt erhitzen, bis das Wasser kocht. Oder saubere Gläser auf den Rost des Backofens stellen und dann im Backofen bei 120° 5 Min. erhitzen.

Geliermittel: Gelierzucker enthält neben Zucker auch Geliermittel (z.B. Apfelpektin) und Zitronensäure. Gelierzucker gibt es in 3 Varianten: 1:1, 2:1 und 3:1. Die Ziffern bezeichnen das Verhältnis von Frucht zu Zucker. Beim 1:1 Gelierzucker, ist die Marmelade durch den hohen Zuckeranteil etwa 1 Jahr haltbar, bei der Mischung 2:1 und 3:1 etwa 1/2 Jahr.

Alternativ kann Geliermittel verwendet werden. Auf der Packung ist das jeweils empfohlene Mischungsverhältnis angegeben. Sie können dann wahlweise Haushaltzucker, braunen Zucker oder Rohrzucker zufügen.

Gelierprobe: Vor dem Abfüllen einen Klecks Marmelade auf eine gekühlte Untertasse geben. Geliert die Probe, kann mit dem Abfüllen begonnen werden. Bleibt sie flüssig, ein Päckchen Zitronensäure unter die Fruchtmasse mischen und alles erneut 1 Min. sprudelnd kochen lassen.

Grüne Walnüsse müssen geerntet werden, bevor sich die holzige Schale bidet.

Pikante Spezialitäten lassen sich problemlos selbst zubereiten.

Chutneys und Relishes werden aus Gemüse und frischen und getrockneten Früchten gemacht. Konserviert werden sie wie auch die Eier mit Essig, Salz, Zucker und scharfen Gewürzen wie Chili, Senfpulver und Piment.

Frische Quitten

Senffrüchte

250 g Stachelbeeren, 500 g Aprikosen, 1-2 rote Chilischoten, 50 g Rosinen, 2 TL Senfpulver, 7 g Geliermittel (für 500 g Früchte), 125 ml Apfelessig, 150 g Zucker

Stachelbeeren und Aprikosen waschen, putzen und klein schneiden, dabei die Aprikosenkerne entfernen. Chilischoten aufschlitzen, entkernen und in Streifen schneiden. Alles mit den Rosinen, dem Senfpulver und dem Geliermittel mischen.

Essig, Zucker und 1/4 l Wasser mit der Fruchtmischung aufkochen und unter Rühren 3 Min. sprudelnd kochen lassen. Sofort in sterilisierte Gläser füllen und verschließen.

Rhabarber-Aprikosen-Chutney

100 g getrocknete Aprikosen, 500 g Rhabarber, 1 Orange, 1 rote Chilischote, 1 TL getrocknete, gemahlene Orangenschale, 1 TL Senfpulver, 300 ml Weinessig, 250 g Rohzucker, 1 Stange Zimt, 5 Pimentkörner

Aprikosen mit 1/2 l kochendem Wasser übergießen und 24 Std. quellen lassen. Dann fein schneiden. Rhabarber waschen, putzen und in kleine Stücke schneiden. Orange auspressen. Chilischote aufschlitzen, entkernen und in feine Ringe schneiden. Alles mit Orangenschale, Senfpulver, Weißweinessig, Rohzucker, Zimt und Pimentkörnern in einen weiten Topf füllen und unter Rühren aufkochen lassen. Bei schwacher Hitze unter häufigem Rühren 45 Min. kochen lassen, bis das Chutney dickflüssig ist. Achtung, brennt zum Schluss leicht an. Chutney sofort in sterilisierte Gläser füllen und verschließen. Hält sich 3-4 Monate. Passt zu gegrilltem Fleisch, aber auch zu Käse.

Chutney von grünen Tomaten

750 g grüne Tomaten, 1 grüne Paprikaschote, 2 Zwiebeln, 400 g Äpfel, 1 walnussgroßes Stück Ingwer, 1 unbehandelte Zitrone, 1/2 EL Salz, 125 g Zucker, 10 schwarze Pfefferkörner

Tomaten in einem Topf mit Wasser bedecken, aufkochen und 15 Min. köcheln lassen. Tomaten herausheben, häuten und würfeln. In einem Sieb abtropfen lassen, dabei den Saft auffangen. Paprikaschote waschen, putzen und klein würfeln. Zwiebeln, Äpfel und Ingwer schälen und fein würfeln. Zitronenschale abreiben, -saft auspressen. Alles mit den übrigen Gewürzen langsam aufkochen und 1 Std. leise köcheln lassen, bis das Chutney dick ist. Chutney sofort in sterilisierte Twist-off-Gläser füllen. Hält sich 1 Jahr.

Quittenmus mit Chili

800 g Quitten, 40 g Butter, 1 Päckchen Vanillezucker, 150 ml Weißwein, 2 Chilischoten

Flaum von den Quitten abreiben, Früchte achteln, schälen, Kerngehäuse herausschneiden. Butter in einem Topf zerlassen, Vanillezucker darin 1 Min. karamellisieren. Quitten, 150 ml Wasser und Wein dazugießen und alles 30 Min. bei milder Hitze garen. Inzwischen Chilischoten halbieren, entkernen, in feine Streifen schneiden und nach 15 Min. zu den Quitten geben.

Die Quitten in einem Sieb abtropfen lassen, dabei den Sud auffangen. Die Hälfte der Quitten mit 2-3 EL Sud grob pürieren, die restlichen fein würfeln und mit dem Mus mischen. Hält sich etwa 1 Jahr. Mit Zimmertemperatur servieren, z.B. zu Camembert oder Ziegenkäse.

Rote-Bete-Meerrettich-Relish

1 l Weißweinessig, 2 TL Pimentköner, 2 TL schwarze Pfefferkörner, 2 EL Wacholderbeeren, 2 TL Salz, 1 EL Zucker, 1,5 kg Rote Bete, 200 g frischer Meerrettich

Essig mit Piment- und Pfefferkörnern, 1 EL Wacholderbeeren, Salz und Zucker aufkochen und 2 Std. neben dem Herd ziehen lassen, abgießen. Rote Beete ungeschält in Salzwasser in 45 Min. garen. Abgießen, schälen und noch warm in Würfel schneiden. Die restlichen Wacholderbeeren im Mörser zerstoßen. Meerrettich schälen und grob raspeln. Mit Roten Beten und Wacholderbeeren in sterilisierte Gläser füllen. Mit dem Essig auffüllen und sofort verschließen. Hält sich ungeöffnet etwa 6 Monate.

Gewürzgurken

2 kg kleine Gurken zum Einlegen, 5 EL Salz,
200 g kleine Zwiebeln, , 1 Stück Merrettich
(ca. 5 cm), 1 Knoblauchzehe, 1 Zweig Rosmarin,
2 Stängel Thymian, 5 Dilldolden, 4 Lorbeerblätter,
10 Pfefferkörner
Für den Sud: 1/2 l Essig, 40 g Salz, 80 g Zucker

Gurken unter fließendem Wasser gründlich bürsten. Mit einer Gabel rundum anstechen. In einer Schüssel mit Salz bestreuen und mit Wasser bedeckt 2 Std. ruhen lassen. Die Zwiebeln schälen und je nach Größe halbieren. Meerrettich und Knoblauch schälen und in Scheiben schneiden. Rosmarin und Thymian waschen und trockentupfen. Gurken aus dem Salzwasser nehmen, abspülen und abtropfen lassen, mit allen Gewürzen in sterilisierte Einmachgläser füllen. Essig mit 3/4 l Wasser, Salz und Zucker aufkochen und über die Gurken gießen. Sie müssen ganz von dem Sud bedeckt sein. Gläser verschließen und die Gurken 4 Wochen durchziehen lassen. Halten sich etwa 6 Monate.

Gebeizte Forelle

1 Bund Dill, 2 EL abgeriebene Zitronenschale,
1 EL Meersalz, 1 TL Zucker, 2 Forellenfilets
mit Haut

Dill fein schneiden, mit Zitronenschale, Salz und Zucker mischen. Forellenfilets entgräten. 1 Filet mit der Hautseite nach unten auf Klarsichtfolie legen, mit der Hälfte der Salzmischung und dem Dill bestreuen. Zweites Filet mit dem restlichen Salz bestreuen und mit der Hautseite nach oben darauf legen. Filets fest in die Folie wickeln, 12–24 Std. im Kühlschrank ruhen lassen, dabei ab und zu umdrehen. Zum Servieren Forelle aus der Folie wickeln und schräg in Scheiben von der Haut schneiden.

Senf

1/2 Zwiebel, 1/2 unbehandelte Zitrone, 1/4 l Essig,
125 g Senfmehl, 125 g brauner Zucker

Die Zwiebel schälen und in Ringe schneiden. Die Zitronenschale dünn abschälen. Beides mit dem Essig einmal aufkochen, dann im Sud 15 Min. ziehen lassen. Das Senfmehl mit dem braunen Zucker vermischen. Den Essig durch ein feines Sieb gießen und in das Senfmehl einrühren. Senf in ein sterilisiertes Glas füllen und 1 Woche im Kühlschrank reifen lassen, dann verwenden.
Varianten: Kräuter, Knoblauch, Honig, Johannisbeergelee, Meerrettich, Zitrone, Orange oder Pfefferkörner mit dem Senf mischen.

Soleier

4 EL Salz, 1 TL Senfkörner, 1–2 Chilischoten,
2 Lorbeerblätter, 10 Eier

1 l Wasser mit dem Salz und nach Belieben den Senfkörnern, den ganzen Chilischoten und den Lorbeerblättern aufkochen, dann vollständig abkühlen lassen. Inzwischen die Eier in 8–10 Min. hart kochen und eiskalt abschrecken. Die Eierschalen ringsherum anschlagen, aber nicht entfernen. Die Eier in einen sauberen Behälter einschichten, mit dem Salzwasser begießen, so dass sie vollständig bedeckt sind. Eier an einem kühlen Ort 2 Tage im Sud ziehen lassen. Halten sich im Sud etwa 1 Woche.

Schweineschmalz

Schweinefett durch die grobe Scheibe vom Fleischwolf drehen oder fein hacken. In einem flachen Topf bei schwacher Hitze langsam zerlassen, dabei häufig umrühren. Wenn sich das Fett etwas verflüssigt hat, Hitze erhöhen und das Fett – je nach Menge – in 30–90 Min. auslassen. Wenn die sich bildenden Grieben goldbraun sind, Fett durch ein feines Sieb abgießen und abkühlen lassen. Das streichfeste Schweineschmalz schmeckt als Brotaufstrich mit Salz oder kann zum Kochen, Braten und Backen verwendet werden. Für Griebenschmalz die Grieben untermischen, Röstzwiebeln dazugeben und Schmalz mit Salz und Pfeffer abschmecken.

Sülze

1 kg gehackte Sülzenknochen (z. B. Schweine- und Kalbsfüße, Schinkenknochen, beim Metzger vorbestellen), Salz, 500 g gemischtes Gemüse (Möhren, Lauch, Knollensellerie, Petersilienwurzeln, Zwiebeln jeweils zu gleichen Teilen), 5 Pfefferkörner, 5 Wacholderbeeren, 2 Lorbeerblätter, Essig zum Abschmecken

Reichlich Wasser aufkochen, Knochen darin 5 Min. blanchieren. Durch ein Sieb abgießen und kalt abspülen. Dann Knochen mit 2 l kaltem Wasser erneut aufkochen, 10 Min. kochen lassen, salzen. Brühe abschäumen und entfetten, die Hitze reduzieren und 2 Std. leise kochen lassen. Inzwischen das Gemüse gründlich waschen, putzen und nach Belieben schälen und schneiden. Das Gemüse und die Gewürze zur Brühe geben und alles 1 Std. leise weiterkochen lassen, falls nötig Wasser nachgießen. Brühe durch ein Sieb abgießen, nochmals aufkochen lassen, mit Essig abschmecken und nach Belieben über gegartes Fleisch, Mixed Pickels, blanchiertes Gemüse, hart gekochte Eier oder Kräuter gießen.

Hühnereier

Brühen und Saucen

schmecken selbst gekocht natürlich besser als Instant-Produkte. Mit ein wenig Geduld lassen sie sich ganz einfach herstellen.

Möhren gehören in jeden Fond.

Gemüsebrühe (Gemüsefond)
1 kg gemischtes Gemüse (Möhren, Lauch, Knollensellerie, Zwiebeln, Petersilienwurzeln jeweils zu gleichen Teilen), 1 Bund Petersilie, 2 Zweige Thymian, Salz, 5 Pfefferkörner, 2 Lorbeerblätter, 5 Wacholderbeeren

Das Gemüse gründlich waschen, putzen und nach Belieben schälen und grob zerkleinern. Die Kräuter waschen. In einem großen Topf 2 l kaltes Wasser mit dem Gemüse, den Kräutern und den Gewürzen aufkochen. Alles 10 Min. kochen lassen. Hitze reduzieren und alles 30 Min. leise weiterkochen lassen. Brühe durch ein feines Sieb abgießen, nochmals aufkochen und mit Salz und Pfeffer abschmecken.

Fleischbrühe (Fleischfond)
200-400 g Rinderknochen, 500 g Suppenfleisch vom Rind (Schwanzstück, Zwerchrippe, Wadschenkel oder Schulter), Salz, 500 g gemischtes Gemüse (Möhren, Lauch, Knollensellerie, Petersilienwurzeln, Zwiebeln jeweils zu gleichen Teilen), 2 Zweige Thymian, 5 Pfefferkörner, 2 Lorbeerblätter, 5 Wacholderbeeren

Reichlich Wasser aufkochen, das Suppenfleisch und eventuell die Knochen darin 5 Min. blanchieren. Knochen und Fleisch in ein Sieb abgießen und unter fließendem kaltem Wasser abwaschen. Dann mit 2 l frischem kaltem Wasser erneut aufkochen. Alles 10 Min. kochen lassen, das Salz dazugeben, Brühe mit einer Schaumkelle abschäumen und entfetten. Die Hitze reduzieren und 1 Std. leise kochen lassen. Inzwischen das Gemüse waschen, putzen, schälen und grob zerkleinern. Gemüse, Thymian und Gewürze zur Brühe geben und alles 1 Std. leise weiterkochen lassen. Eventuell etwas Wasser nachfüllen. Zum Schluss die Brühe durch ein feines Sieb abgießen, nochmals aufkochen und abschmecken.
Lässt sich auch mit Lamm, Geflügel oder Wild zubereiten. Dann verkürzt sich die Kochzeit um 1 Std.

Kraftbrühe
100 g gemischtes Gemüse (Möhren, Knollensellerie, Lauch jeweils zu gleichen Teilen), 1 Bund Petersilie, 2 Eier, 250 g mageres Hackfleisch von Rind, Lamm, Geflügel oder Wild, 2 l kalte Fleischbrühe

Das Gemüse gründlich waschen, putzen, nach Belieben schälen und sehr fein hacken. Die Petersilie waschen. Die Eier trennen und das Eiweiß mit einem Schneebesen leicht anschlagen. Das Fleisch mit dem Eiweiß gut vermischen, dann mit Brühe mischen. Alles aufkochen lassen, dabei mit einem Spatel vorsichtig am Topfboden kreisen. Nach dem Aufkochen nicht mehr rühren, sondern die Hitze reduzieren und Kraftbrühe 45 Min. sehr leise kochen lassen. So kann das Eiweiß die Trübstoffe binden und langsam aufsteigen. Brühe vorsichtig durch ein Tuch passieren, nochmals aufkochen lassen und abschmecken.

Braune Grundsauce
350 g gemischtes Gemüse (Möhren, Sellerie, Zwiebeln jeweils zu gleichen Teilen), 700 g klein gehackte Knochen von Schwein, Kalb, Lamm, Geflügel oder Wild, 4 EL Öl, 1 TL Tomatenmark, 1/2 l Rotwein, 1 Thymianzweig, 5 Pfefferkörner, 2 Lorbeerblätter, 5 Wacholderbeeren, Salz, Pfeffer

Das Gemüse gründlich waschen, putzen, nach Belieben schälen und grob würfeln. Die Knochen im heißen Öl von allen Seiten scharf anbraten (auch gut im Backofen bei 250°), das Gemüse dazugeben und etwa 10 Min. mitbraten, bis es braun ist. Das Tomatenmark unterrühren und alles mit 1/4 l Rotwein ablöschen. Den Wein vollständig einkochen lassen, dann restlichen Wein angießen und erneut einkochen lassen. Alles mit 1 l kaltem Wasser aufgießen, aufkochen lassen, abschäumen und entfetten. Dann die Hitze reduzieren, Thymian waschen und zusammen mit den Gewürzen zur Sauce geben. Alles 4 Std. leise kochen lassen, falls nötig, Wasser nachgießen. Die Sauce durch ein feines Sieb abgießen, nochmals aufkochen lassen und mit Salz und Pfeffer kräftig abschmecken.
Bei einer Grundsauce vom Schwein kann man auch statt Rotwein dunkles Bier zum Ablöschen verwenden, bei hellem Geflügel Weißwein. Bei Lamm zusätzlich einen Rosmarinzweig und 4 Knoblauchzehen mitkochen.

Glossar

Hier stellen wir Ihnen wichtige Zutaten der Landküche vor. Bevorzugen Sie Freilandgemüse und -obst, wenn es in unseren Breitengraden Saison hat. Das ist besonders reich an wertvollen Nährstoffen. In Klammern steht jeweils, wann die Produkte aus heimischem Freilandanbau zu bekommen sind.

Bärlauch
wächst Ende März bis Juni in Laubwäldern, aber auch im Garten. (Achtung, breitet sich sehr schnell aus.) Verwendet werden Blätter und Zwiebeln vor der Blüte für Blattsalate, Gemüse oder Risotto, Blüten für Honig, Süßspeisen und Likör. Bärlauch schmeckt nach Knoblauch und am besten frisch. Konservieren lassen sich die Blätter püriert in Öl, auch als Pesto. Ganze Blätter können auch eingefroren werden.

Basilikum
gibt es in 40 verschiedenen Sorten (großblättrig, kleinblättrig, mit roten Blättern, Thai-Basilikum etc.). Sie schmecken unterschiedlich intensiv, aber alle leicht pfeffrig-süß. Basilikum am besten frisch verwenden oder in Öl als Paste konservieren. Getrocknet verliert Basilikum Aroma.

Beifuß
ist auch als wilder Wermut bekannt. Schmeckt würzig-bitter und macht Fettes wie die Weihnachtsgans leichter verdaulich. Verwendet werden die kleinen Blätter und die Blütenknospen. Beifuß ist auch getrocknet aromatisch, dann die Blätter zwischen den Fingern zerreiben.

Blumenkohl
(Mai bis Ende Oktober) bleibt weiß, weil die grünen Hüllblätter ihn vor Licht schützen. Es gibt auch hellgrüne und violette Sorten – der grüne Romanesco gehört dazu. Die Röschen sind der verdickte Blütenstand des Kohls. Frischen Kohl erkennt man am angenehmen Geruch. Alte Ware riecht muffig und leicht nach Fisch. Etwas Zitronensaft im Kochwasser verhindert den Kohlgeruch und erhält die weiße Farbe. Blumenkohl enthält Vitamin C, B-Vitamine und Kalium. Die zarten hellgrünen Blättchen können mitgegart werden, sie sind ebenfalls reich an Mineralstoffen und Vitaminen.

Bohnen
→ siehe Grüne Bohnen, Dicke Bohnen

Bohnenkraut
schmeckt pfeffrig frisch, kann frisch und getrocknet verwendet werden und wird mitgekocht. Es passt nicht nur zu Bohnengerichten, auch zu anderen Hülsenfrüchten, zu Lamm und – sparsam eingesetzt – zu Fisch und Gemüse. Bohnenkraut wirkt krampflösend und gegen Blähungen.

Brokkoli
(Mitte Juni bis Mitte Oktober), ein Verwandter des Blumenkohl. Schneiden Sie beim Putzen die Strünke kreuzweise ein, sie garen dann gleichmäßiger. Brokkoli enthält sekundäre Pflanzenstoffe, Kalzium, Kalium, Magnesium, Eisen, Vitamin C und B2. Er wirkt blutreinigend und stärkt das Immunsystem. Hält sich maximal 2 Tage im Kühlschrank.

Brombeeren
(Juli bis September) schmecken roh sehr gut und sind prima geeignet für Gelees und Konfitüren, für Kuchen und rote Grütze. Nur reife Beeren pflücken oder kaufen, unreife sind sauer und reifen nicht nach. Brombeeren enthalten viel Kalium und Vitamin C. Sie können 2 Tage (ungewaschen) kühl gelagert werden.

Brunnenkresse
wächst im Frühjahr und bis in den Sommer hinein wild an Bächen und Gewässern, lässt sich auch im Garten und im Topf ziehen. Die Pflanzen müssen gut feucht gehalten werden. Verwendet wird die ganze Pflanze, am besten roh in Suppen oder Salate mischen. Brunnenkresse enthält Senföl, Gerb- und Bitterstoffe, dadurch schmeckt sie scharf und etwas bitter. Sie ist reich an Vitamin C, D und B.

Chicorée
(Oktober bis Februar). Wächst nicht auf der Erde, sondern ist der zweite Austrieb der auch als Viehfutter genutzten Zichorie. Die Wurzeln werden ausgegraben und in speziellen Treibhäusern, geschützt vor Tageslicht, gezogen. Der Trieb entwickelt sich innerhalb von 25 Tagen. Frischer Chicorée hat fest

Bärlauch hat nur kurze Zeit Saison.

Brokkoli enthält besonders viele sekundäre Pflanzenstoffe.

geschlossene, knackige Blätter und ist weißlich-gelb. Licht oder Wärme macht ihn grün und bitter. Es gibt auch roten Chicorée, eine Kreuzung aus Chicorée und Radicchio. Beide Sorten sind reich an Vitamin A, C und Folsäure.

Dicke Bohnen, Puff- oder Saubohnen

(Juni bis September). Die Bohnenschoten sollten prall und sattgrün sein, die Kerne sind jung hellgrün und werden später fast weiß. Junge kleine Kerne schmecken am besten. Ältere Kerne können blanchiert und aus der weißen Haut gedrückt werden. Achtung, viel Abfall! 2 kg Bohnen in Schoten ergeben nur etwa 500 g Bohnenkerne; wenn man die Kerne häutet, bleiben nur 300 g übrig. Dicke Bohnen sind reich an Ballaststoffen, Eiweiß, Kohlenhydraten, Magnesium, Kalium, B-Vitaminen und Vitamin C. Sie dürfen wie alle anderen Bohnen nicht roh verzehrt werden, da sie das gesundheitsschädliche Phasin enthalten, das beim Garen zerstört wird.

Dill

hat einen ganz eigenen intensiven, frischen Duft und Geschmack. Blättchen nicht hacken, sondern fein schneiden und nicht mitgaren. Die getrockneten Dilldolden sind wichtig für Gewürzgurken und Senfgurken, sie werden im Sud mitgekocht. Die Samen schmecken leicht nach Kümmel.

Eier

aus deutscher Produktion tragen einen Stempel, der ab 1.1.2004 für die gesamte EU vorgeschrieben ist. Der Code enthält eine Ziffer (0 = Öko-Eier, 1 = Freilandhaltung, 2 = Bodenhaltung, 3 = Käfighaltung), den Ländercode (DE für Deutschland, FR für Frankreich, NL für Niederlande) und eine Nummer, die die einzelnen Produzenten identifiziert. Handelsübliche Eiergrößen sind XL, L, M und S. Frische Eier schmecken am besten zwischen dem dritten und zehnten Tag nach dem Legen. Aufgeschlagen erkennt man sie am gewölbten Dotter im kompakten Eiweiß. Vor dem Aufschlagen hilft die Wasserprobe: Ein frisches Ei in einem Glas Wasser bleibt am Boden liegen. Ein älteres Ei hat bereits Flüssigkeit durch die Schale verdunstet und enthält eine größere Luftkammer. Es schwimmt deshalb an der Oberfläche. Eier enthalten die Vitamine A, E, B1 und B2. Am besten im Kühlschrank aufbewahren.

Frische Erdbeeren

Erbsen

(Juni bis August). Es gibt etwa 80 verschiedene Sorten. Das Angebot gliedert sich in Markerbsen, Palerbsen und Zuckerschoten. Von Markerbsen und Palerbsen werden die aus der Schote gelösten Samen verwendet. Frische Markerbsen schmecken durch ihren hohen Zuckergehalt auch roh sehr gut. Zuckerschoten werden als ganze Schoten verwendet, nur Stiel und Blütenansatz abgeknipst. Alle Sorten sollten frisch verbraucht werden, weil Erbsen nachreifen. Dabei wird Zucker in Stärke umgewandelt, dadurch verlieren sie ihren süßen Geschmack. Erbsen sind das eiweißreichste Gemüse und enthalten viele Ballaststoffe und Kohlenhydrate. Sie sind reich an Kalium, Magnesium und Eisen.

Erdbeeren

(Mai bis Juli) schmecken am besten frisch gepflückt, z. B. als Fruchtdessert, Kuchenbelag, Konfitüre oder auch in pikanten Salaten. Auf vielen Feldern kann man sie selber ernten. Erdbeeren reifen nicht nach, deshalb nur ganz rote, ausgereifte Früchte pflücken oder kaufen. Frische Erdbeeren vor dem Putzen kurz in stehendem kaltem Wasser waschen. Sie enthalten mehr Vitamin C als viele Zitrusfrüchte, dazu Eisen, Kalium und Folsäure. Erdbeeren verderben rasch. Wenn nötig, im Kühlschrank aufbewahren.

Estragon

ist eine Beifußart. Er schmeckt herb, leicht süßlich und nach Anis. Estragon sparsam verwenden, da er sehr stark würzt. Nicht mit anderen Kräutern kombinieren. Getrocknet intensiviert sich sein Aroma.

Fenchel

(Juli bis Oktober) Gemüsefenchel oder Knollenfenchel duftet leicht nach Anis. Er hat je nach Sorte eine runde oder lang gestreckte Knolle, die aus den an der Basis verdickten Blattstielen besteht. Die fedrigen Blätter sollten frisch und leuchtend grün sein und werden mit verwendet. Die Schnittstellen dürfen nicht angetrocknet sein. Fenchel ist reich an Beta-Carotin, Vitamin E und C, Kalium und Magnesium. Er hält sich im Kühlschrank 2–3 Tage und schmeckt im Salat ebenso gut wie gedünstet oder überbacken.

Grüne Bohnen

(Juni bis Ende Oktober, Haupternte im August). Es gibt Buschbohnen und Stangenbohnen als breite Schnittbohnen und als Brechbohnen. Die gelben Wachsbohnen werden nur selten angeboten. Die rot

GLOSSAR

blühenden Feuerbohnen sind als Pflanze besonders dekorativ. Bohnen sind ein sehr eiweißreiches Gemüse und enthalten Kalium, Magnesium, Eisen, Kalzium und Vitamin C, außerdem auch in Hülsen und Samen das giftige Phasin, das aber beim Garen zerstört wird. Darum Bohnen nie roh essen. Maximal 5 Tage im Kühlschrank aufheben.

Grünkern

wird aus grün geernteten Dinkelkörnern hergestellt. Sie kommen direkt nach dem Dreschen in die Darre und werden bei ca. 120° durch Heißluft gedörrt. Dabei gibt Buchenholzrauch dem Grünkern das typische Aroma. Grünkern wird als ganzes Korn, als Schrot, Grieß, Mehl und Flocken angeboten. Die ganzen Körner eignen sich für Risotto, Füllungen und Suppen, Grieß und Mehl für Klöße, Bratlinge, Müsli und zum Backen. Die Körner lassen sich kühl und trocken bis zu 1 Jahr lagern.

Grünkohl

(September bis März) sollte vor der Ernte den ersten Frost bekommen haben. Er ist dann milder im Geschmack und leichter verdaulich. Die Blätter müssen frisch und grün aussehen, welke Blätter und gelbe Flecken zeigen zu lange Lagerung. Das Gemüse wird geputzt (ohne Strunk und von den Blattrippen gestreift) oder als ganze Pflanze angeboten. Bei ganzen Pflanzen muss man mit etwa 50 % Abfall rechnen. Grünkohl enthält reichlich Ballaststoffe, besonders viel Vitamin C und nach den Möhren am meisten Provitamin A, die Mineralien Kalium, Kalzium, Phosphor, Magnesium und Eisen. Er hält sich im Gemüsefach des Kühlschanks etwa 2 Tage.

Gurken

(Juli bis Oktober). Zum Rohessen, für Salate und kalte Suppen eignen sich die langen schlanken Salat- oder Schlangengurken und die dickeren, kürzeren Schälgurken, die eine rauere, festere Schale haben und aromatischer schmecken. Einlegegurken kommen im Spätsommer auf den Markt, sind klein, kurz und dick und werden zu Gewürz-, Salz- und Dillgurken verarbeitet. Schmorgurken oder Gemüsegurken gibt es im Hochsommer und Herbst, sie sind groß, dick und gelb mit fester Schale. Sie eignen sich zum Schmoren, Füllen oder für Senfgurken (Kerne entfernen). Rohe Gurken immer erst kurz vor dem Servieren salzen oder mit der Marinade mischen, weil sie sonst Wasser ziehen. Die traditionelle Methode, Gurken vor dem Verarbeiten zu salzen und dann auszudrücken, ist nicht empfehlenswert. Dadurch wird Kalium ausgeschwemmt und die Gurken werden zäh und schwer verdaulich. Gurken bestehen zu 95 % aus Wasser und enthalten in geringen Mengen Kalium, Kalzium, Phosphor und Eisen. Außerdem Provitamin A, Vitamin K und C.

Heidelbeeren

(Juli bis August). Wildfrüchte sind kleiner und aromatischer als Kulturheidelbeeren und enthalten viel blauen Farbstoff, der Lippen und Zähne blau färbt. Sie schmecken roh, aber auch als Kompott, in Süßspeisen, Kuchen oder Muffins. Heidelbeeren enthalten Magnesium, Kalzium, Kalium, Folsäure und die Vitamine C und A. Können ungewaschen knapp 1 Woche im Kühlschrank lagern.

Himbeeren

(Juni bis August). Die besonders zarten, empfindlichen Früchte möglichst frisch genießen oder zu Saft, Marmelade oder Gelee einkochen. Es gibt inzwischen auch Himbeerplantagen, auf denen man selber pflücken kann. Himbeeren enthalten Eisen und Magnesium, Fruchtsäuren, Vitamin C und Gerbstoffe. Trockene Früchte maximal 1 Tag im Kühlschrank aufheben.

Honig

Auch bei Bienen gibt es eine artgerechte Haltung: Die Bienenwohnung darf nur aus natürlichen Materialien wie Holz, Stroh oder Lehm bestehen. Vorgeschrieben ist der Naturwabenbau, Wachsmittelwände dürfen nur aus Bio-Wachs eingesetzt werden. Da Wachs chemische Stoffe besonders gut speichert, darf das Wachs nur einmal eingeschmolzen und für neue Mittelwände verwendet werden. Bio-Imker verzichten auf chemische Medikamente für die Bienen, weil diese sich im Honig wiederfinden. Künstliche Befruchtung der Königin ist ebenso wenig gestattet, wie das Beschneiden der Flügel. Natürliches Schwärmen und eigener Futterhonig im Winter müssen gewährleistet sein.

Johannisbeeren

(Juni bis Ende August). Rote Johannisbeeren sind gut für Kuchen, Gelees und als pikante Sauce. Kalt waschen, gut abtropfen lassen und mit einer Gabel von den Stielen streifen. Bei der Saftherstellung für Gelees können die Stiele mitverwendet werden. Die roten Früchte enthalten viel Vitamin C und B und Kalium und halten sich ungewaschen im Kühl-

Grünkohl

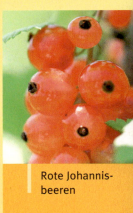

Rote Johannisbeeren

Süßkirschen

Kürbis

Knollensellerie

schrank 2 Tage. Weiße Johannisbeeren sind milder und schmecken roh besonders gut. Schwarze Johannisbeeren (Juli/August) sind durch die enthaltene Gerbsäure herber als die roten – köstlich als Saft, Süßmost, Gelee, Konfitüre und Likör (Cassis). Schwarze Johannisbeeren enthalten besonders viel Vitamin C.

Kartoffeln
Reportage Seiten 102/103

Kerbel
(März bis Oktober) ähnelt äußerlich Petersilie oder Koriander, ist aber viel zarter. Sein feines Aroma erinnert an Fenchel und Anis. Kerbel frisch genießen oder nur ganz kurz mitgaren. Die zarten Stiele kann man mit verwenden. Kerbel enthält viel Vitamin C und ätherische Öle, die den Stoffwechsel anregen.

Kirschen
(Ende Mai bis Juli). Es gibt etwa 400 Kirschsorten, die in Sauer- und Süßkirschen unterschieden werden. Kirschen reif ernten oder kaufen, sie reifen nicht nach. Beim Kauf sollten sie prall, fest und kräftig gefärbt sein. Je intensiver die Farbe, desto reifer und aromatischer die Frucht. Süßkirschen (Knorpelkirschen, Herzkirschen) werden meist roh verzehrt, sie halten sich im Kühlschrank 2-3 Tage. Sauerkirschen (Weichseln, Schattenmorellen) sind besonders transportempfindlich und sollten frisch verbraucht werden. Sie haben einen höheren Fruchtsäureanteil, werden selten roh verzehrt und eignen sich zum Einmachen und Backen besonders gut. Süß- und Sauerkirschen enthalten Kalium, Eisen, B-Vitamine, Vitamin C und Folsäure.

Knollensellerie
(Juli bis Oktober) ist ab Juli als Bundware mit grünem Kraut erhältlich. Die lagerfähige Winterware wird bis November geerntet. Die Knolle sollte sich hart anfühlen, knackiges cremeweißes Fleisch haben ohne weiche oder schwammige Teile. Sellerie enthält ätherische Öle, die für den typischen Geschmack sorgen. Außerdem Kalium, Kalzium, Vitamin E, B6, und Folsäure. Feste Knollen halten sich im Kühlschrank etwa eine Woche. Staudensellerie (Juli bis Oktober) muss fleckenfrei und knackig frisch sein. Es werden die Stiele und auch die jungen Blätter verwendet.

Kohlrabi
(Mai bis Oktober). Frische Knollen haben eine glatte Haut ohne schorfige Stellen und frische Blätter, die gut im Kohlrabigemüse schmecken und besonders viel Vitamin C enthalten. Auch in den Knollen steckt Vitamin C, daneben auch Kalium, Kalzium, Magnesium und Eisen. Kühl aufbewahrt hält sich Kohlrabi unverpackt etwa 3 Tage. Bei Lagerung Blätter entfernen. Bei langer Lagerung können die Knollen holzig werden.

Kresse
auch Gartenkresse, schmeckt sehr aromatisch und scharf wie Rettich, da sie wie er Senföle enthält. Blättchen frisch verwenden, nicht mitgaren. Die kleinen Kressebeete halten an einem kühlen Ort knapp 1 Woche.

Kürbis
(September bis November) gibt es in unterschiedlichen Sorten. Verwendet wird das Fruchtfleisch, beim steirischen Ölkürbis wird aus den Samen das dunkelgrüne Kürbiskernöl gepresst. Der riesige Gelbe Zentner bietet eher neutralen Geschmack und hohen Fleischanteil. Der kleine, orange leuchtende Hokkaido-Kürbis hat fast fruchtigen Geschmack und eine dünne Schale. Der Muskatkürbis ist gerippt und dunkelgrün, sein orangefarbenes Fleisch schmeckt leicht nach Muskat. Kürbisse enthalten viel Wasser, darum ist ihr Vitamingehalt nicht hoch, nennenswert sind die Mineralstoffe Kalium und Eisen. Trocken und kühl lassen sie sich je nach Sorte bis zu 6 Monaten lagern.

Lauch
(Juni bis Frühjahr) wird auch Porree genannt. Frühjahrs- und Sommerporree haben schlankere, hellere Stangen, Herbst- und Winterporree sind kürzer, dicker und dunkelgrün. Frühjahrsporree wird unter Glas oder Folie gezogen und schon ab Mai angeboten. Lauch enthält Kalium, Kalzium, Eisen, dazu Vitamin B6, Folsäure, Vitamin K, Beta-Carotin und Vitamin C. Außerdem schwefelhaltige ätherische Öle, die den typischen Geschmack verursachen.

Liebstöckel
wird wegen seines intensiven Geschmacks auch »Maggikraut« genannt. Die frischen Blätter und Stiele werden mitgekocht, z. B. als Würze in Eintöpfen und Schmorgerichten. Junge gehackte Blättchen schmecken auch in Quark oder Salaten.

GLOSSAR

Löwenzahn
(ab Ende März bis in den Frühsommer) wächst eigentlich überall wild, wird aber auch als mildere Zuchtform angeboten. Salate und Suppen mit jungen zarten Blättern zubereiten, die größeren sind sehr bitter. Blüten werden für Honig (→ Seite 179) oder Likör verwendet. Löwenzahn ist reich an Provitamin A, Vitamin C und B, wirkt wegen der enthaltenen Bitterstoffe appetitfördernd und entwässernd.

Majoran
ist das klassische Gewürz für deftige Gerichte wie Kartoffel- und Erbsensuppe. Frischen Majoran immer zum Schluss dazugeben, getrockneter wird mitgekocht. Seine ätherischen Öle wirken verdauungsfördernd.

Mangold
(Mai bis Herbst) ist verwandt mit den Roten Beten. Sichtbar wird das bei der Varietät mit den roten Stielen, die wie breite Rote-Bete-Blätter aussehen. Meist wird die weißstielige Sorte angeboten. Man verwendet Blätter und Stiele wegen der unterschiedlichen Garzeiten oft getrennt. Mangold enthält Kalium, Kalzium, Magnesium, Eisen und Folsäure, Vitamin B1, B2, Betacarotin, Vitamin C und – wie Spinat – Oxalsäure, häufig auch Nitrat.

Meerrettich
(Oktober bis April). Die scharfen Stangen (Wurzeln) werden geschält und fein gerieben in Würzsaucen oder auch pur verwendet. Für seine Schärfe, die schon beim Reiben Tränen fließen lässt, ist das enthaltene Senföl verantwortlich. Geriebener Meerrettich oxidiert an der Luft sehr schnell und verliert seine Schärfe, sollte darum sofort gegessen oder mit Sahne oder Apfel gemischt werden. Meerrettich enthält viel Vitamin C, B-Vitamine und Kalium. Die Wurzel darf im Kühlschrank in Folie einige Wochen lagern und kann nach und nach verbraucht werden.

Minze
Es gibt sehr viele verschiedene Arten. Die intensiv duftenden Blätter mit dem typischen frischen, leicht scharfen Minzegeschmack enthalten Menthol, das kühlend und krampflösend wirkt. Tee aus frischen oder getrockneten Blättern hilft bei Magen-Darmbeschwerden und bei Entzündungen im Mund und Rachen.

Möhren
(Juni bis Ende Oktober) werden das ganze Jahr über angeboten, je nach Erntezeit gibt es Frühmöhren, Sommer- und Spätmöhren. Frühmöhren mit Grün (Bundmöhren) sind besonders zart und haben einen hohen Zuckergehalt. Sommermöhren sind größer und schwerer. Spätmöhren lassen sich gut lagern. Möhren enthalten besonders viel Beta-Karotin, Vorstufe des Vitamin A. Mit 200 g Möhren ist bereits der Tagesbedarf eines Erwachsenen gedeckt. Damit das Karotin gut aufgenommen wird, sollten Möhren immer mit etwas Fett zubereitet werden. Sommer- und Spätmöhren halten sich ohne Kraut gekühlt bis zu 2 Wochen. Die frühen Bundmöhren am besten frisch verbrauchen.

Paprikaschoten
(Juli bis Ende Oktober). Gemüsepaprika gibt es in unterschiedlichen Formen und Farben. Es werden grüne, gelbe, orange und rote Früchte angeboten. Die grünen sind noch nicht reif, haben dünneres Fruchtfleisch und schmecken herber. Die reifen gelben bis roten Früchte sind dickfleischiger, süßer und lassen sich auch besser häuten (→ Paprika-Zucchini, Seite 63). Paprika enthalten Kalium, Eisen, Vitamin E, K, B6 und Vitamin C. Die Schoten halten sich etwa 4 Tage im Gemüsefach des Kühlschranks.

Pastinaken
(Oktober bis Dezember), auch Hammelmöhren genannt, sind mit Möhre und Petersilie verwandt. Ihr würziger Geschmack liegt zwischen Möhre und Wurzelpetersilie. Je später sie geerntet werden, umso markanter schmecken sie. Pastinaken lassen sich auch noch bei Frost ernten. Sie sind reich an Provitamin A, B-Vitaminen und Mineralstoffen, enthalten Kalzium, Kalium, Phosphor und Eisen. Kühl und dunkel eingelagert, halten sie bis ins Frühjahr.

Petersilie
(Blattpetersilie Juni bis Oktober, Wurzelpetersilie Oktober bis November). Frische Petersilie passt als Allround-Kraut zu fast allem, ist aber auch als Solist in Suppen und Kräutersalaten gut. Von der Wurzelpetersilie wird hauptsächlich die weiß-gelbliche Wurzel als Gemüse verwendet. Ihr Kraut hat den intensivsten Geschmack, gefolgt von der glatten und der krausen Blattpetersilie. Petersilie enthält mehr Vitamin C als Zitronen und mehr Karotin als Möhren, außerdem viel Kalzium, Kalium und Eisen.

Rotstieliger Mangold

Bundmöhren

Wurzelpetersilie

Pflaumen, Zwetschgen, Reineclauden und Mirabellen

(je nach Sorte Juli bis Oktober). Pflaumen reifen etwas früher als Zwetschgen, mit denen sie eng verwandt sind. Ihr saftig-süßes, weiches Fruchtfleisch zerfällt leicht beim Kochen und lässt sich schwer vom Stein lösen. Zwetschgen haben festeres Fruchtfleisch und lassen sich leichter entsteinen. Ihre dunkelblaue Haut ist meist mit einem weißlichen Reif überzogen, der die Früchte vor dem Austrocknen schützt. Mirabellen und Reineclauden gehören ebenfalls zur Pflaumenfamilie. Reineclauden sind kleiner, rund und haben eine grünlich-gelbe Haut und grünliches Fruchtfleisch. Sie schmecken sehr aromatisch und süß. Klein, gelb und kugelig sind Mirabellen, deren festes Fruchtfleisch zum Kochen gut geeignet ist. Pflaumen sollten beim Einkauf nicht überreif sein, aber auch keine grünen Stellen haben. Sie enthalten Vitamin A, C und B-Vitamine. Außerdem regen sie Nieren- und Darmtätigkeit an.

Pimpinelle

hat ein gurkenähnliches Aroma und ist klassischer Bestandteil der Frankfurter grünen Sauce. Schmeckt frisch am besten und liefert Vitamin C.

Portulak

Portulak

(August bis Oktober) schmeckt nussig, etwas säuerlich und salzig. Wird roh verwendet, z. B. gehackt über Kartoffelsuppe gestreut oder als Salat zubereitet. Portulak enthält viel Magnesium und Provitamin A. Winterportulak ist ein sehr vitaminreicher Salat und wirkt durch den hohen Kaliumgehalt entwässernd.

Preiselbeeren

(Ende August bis Oktober). Die herbsauren Beeren werden kaum roh gegessen, sondern meist eingekocht zu Kompott, Marmelade, Sirup oder Likör. Durch ihren hohen Gehalt an Benzoesäure sind Beeren und Produkte daraus besonders lange haltbar. Preiselbeeren zum Verlesen in eine große Schüssel mit kaltem Wasser schütten. Blätter und schlechte Beeren schwimmen nach oben und können leicht abgeschöpft werden. Preiselbeeren enthalten viel Pektine, Provitamin A und die Vitamine B und C.

Quitten

(September bis November). Es gibt Apfelquitten und Birnenquitten. Apfelquitten haben hartes, trockenes, rötliches Fruchtfleisch. Birnenquitten sind weicher und aromatischer mit hellrotem Saft. Die grüne bis goldgelbe Schale ist ledrig-hart und glatt. Reife Quitten leuchten zitronengelb und sind mit einem leichten, selbstabfallenden Flaum bedeckt. Sie haben ein ganz eigenes Aroma und einen intensiven Duft. Durch ihren hohen Pektingehalt sind sie ausgezeichnet für Marmeladen und Gelees geeignet. Roh sind sie ungenießbar. Quitten enthalten Weinsäure, Apfelsäure, Tannin, Phosphor und Vitamin C.

Radieschen

(Mai bis Mitte Oktober). Schmecken frisch am besten. Freilandware ist schärfer als die frühen aus dem Gewächshaus. Radieschen enthalten viel Vitamin C, Kalium, Eisen, Fluor und Senföle, die für den scharf-würzigen Geschmack verantwortlich sind. Wenn man die Blätter entfernt, halten sie sich im Plastikbeutel im Kühlschrank etwa 2 Tage.

Rettich

Rosafarbener Rettich

Es gibt weiße und rosafarbene Mairettiche (Mai bis Juni), weiße Sommer- und Herbstrettiche (Juli bis September) und die runden schwarzen Winterrettiche (Oktober bis Februar). Rettiche sollten gerade gewachsen, nicht geplatzt oder beschädigt sein. Werden sie mit Blättern verkauft, sollten diese frisch und knackig aussehen. Rettich wird meist roh gegessen, denn beim Erhitzen geht ein Teil des typischen Geschmacks verloren. Schwarze Rettiche müssen geschält werden, bei anderen Sorten ist das nicht nötig. Rettiche enthalten Calcium, Kalium, Phosphor, Natrium, Eisen, Vitamine B1, B2, Niacin und C. Besonders der schwarze Rettich gehört zu den gesundheitlich wertvollsten Gemüsen mit dem höchsten Basenüberschuss.

Rhabarber

(April bis Juni) ist ein Gemüse, wird aber in der Regel wie Obst zubereitet. Rhabarber schmeckt erfrischend säuerlich durch seinen hohen Gehalt an Oxalsäure (die macht beim Essen das stumpfe Gefühl auf den Zähnen), Zitronen- und Apfelsäure. Beim Garen kann die Eigensäure durch Zugabe von Zitronensaft oder Weißwein gemildert werden. Die Blätter sind nicht genießbar. Es gibt grünstieligen Rhabarber mit grünem Fleisch und hohem Säuregehalt, rotstieligen mit grünlichem Fleisch und herber Säure und rotstieligen mit rotem Fleisch und zartem Aroma. Die roten Rhabarberstangen enthalten weniger Oxalsäure. Rhabarber ist reich an Vitamin K, Kalium und Eisen.

Rosenkohl
(Ende August bis Dezember) ist ein typisches Herbst- und Wintergemüse, das auch bei Frost noch geerntet werden kann. Die Röschen sollen fest geschlossen und grüne Blätter haben, Gelbfärbung zeigt Überlagerung. Beim Putzen muss man mit etwa 20 % Abfall rechnen. Am besten den Strunk kreuzweise einschneiden, dann gart er gleichmäßiger. Rosenkohl enthält Vitamin C, B1 B2, B6, Niacin, Folsäure und Vitamin K, außerdem Kalium, Eisen, Zink und Magnesium. Er enthält mehr Eiweiß als die meisten anderen Gemüsesorten.

Rosmarin
hat einen intensiven Duft und Geschmack, die Nadeln schmecken leicht harzig bitter. Rosmarin wird mitgegart und ist besonders gut in Kombination mit Thymian und Knoblauch.

Rote Bete
(ganzjährig). Ab Mai/Juni sind kleine Rüben als Bundware mit Kraut im Angebot, von Juli an dann die ausgewachsenen Rüben ohne Blatt. Da sie gut lagerfähig sind, können sie bis Mai des nächsten Jahres angeboten werden. Die Rüben sollten glatt und unverletzt sein. Beschädigte Rüben verlieren Saft und faulen leicht. Rote Bete enthalten Kalzium, Magnesium, Kalium, Phosphor, Provitamin A, B-Vitamine, Niacin und Vitamin C.

Rotkohl
→ Weißkohl und Rotkohl

Rucola
(Frühjahr und Sommer). Wird auch Rauke oder Senfkohl genannt, was sicher am hohen Gehalt von Senfölen liegt. Junge Blätter schmecken frisch-würzig, etwas scharf, ältere Blätter eher bitter. Bei der Zubereitung sollten harte Stiele entfernt werden. Rauke ist besonders reich an Vitamin C.

Salbei
hat ein intensives, leicht bitteres Aroma. Passt zu Fleisch, Gemüse und Kartoffelgerichten und wird immer mitgegart. Seine ätherischen Öle machen Fettes leichter verdaulich. Salbei wirkt entzündungshemmend. So hilft Salbeitee bei Halsschmerzen.

Sauerampfer
(ab Ende März den ganzen Sommer über) wächst auf feuchten sauren Wiesen und an Waldrändern. Er ist leicht zu verwechseln mit Ampfer, der ungenießbar ist. Er hat einen säuerlichen Geschmack und sollte nicht mitgegart werden. Sauerampfer ist reich an Provitamin A und Vitamin C. Er enthält viel Oxalsäure.

Sauerkraut
(ganzjährig) entsteht aus fein geschnittenem Weißkohl in einem natürlichen Gärprozess, der Milchsäuregärung. Es wird als Konserve und frisch direkt aus dem Fass oder im Kühlregal angeboten. Frisches Sauerkraut sollte schnell verbraucht werden, im Kühlschrank hält es sich 1–2 Tage. Es enthält viele Ballaststoffe und ist gerade im Winter ein guter Vitamin C-Lieferant (→ auch Seite 139).

Schnittlauch
Sein frisches Laucharoma passt gut zu Quark, Eierspeisen und Salaten. Schnittlauch nicht mitgaren. Seine schwefelhaltigen Öle wirken antibakteriell und Blutdruck senkend.

Schwarzwurzeln
(November bis Januar) werden auch Winterspargel genannt und ihr mild-nussiger Geschmack erinnert auch leicht an Spargel. Es werden nur die Wurzeln verwendet. Sie sollten gerade, möglichst dick (bis zu 4 cm) und ohne Verzweigungen sein. Sie werden unter fließendem Wasser gebürstet, mit dem Sparschäler geschält und sollten dann gleich in Wasser mit Zitrone oder Essig gelegt werden, damit sie sich nicht verfärben. Schwarzwurzeln enthalten Vitamin E, K, Eisen und Kupfer.

Spargel
(Anfang April bis 24. Juni). Weißer Spargel kann ganz weiß sein oder auch rosa oder violette Köpfe haben. Die Stangen sind die Sprossen der Pflanze. Sie bleiben weiß, wenn sie in Hügelbeeten ganz mit Erde bedeckt wachsen. Sobald der Kopf ans Licht kommt, verfärbt er sich violett oder grün und der Geschmack wird kräftiger. Spargel immer möglichst frisch verwenden, die Schnittflächen der Stangen dürfen nicht angetrocknet oder gerissen sein. Weißer Spargel wird vom Kopf beginnend dünn geschält. Beim grünen Spargel muss nur das untere Drittel geschält werden. Spargel enthält Mineralstoffe wie Kalium, Magnesium, Eisen, Kupfer und Mangan. Durch den hohen Kaliumgehalt wirkt er entwässernd. Er enthält außerdem Provitamin A, Vitamin E, C und B (→ Reportage Seite 24).

Rosenkohl auf dem Feld

Sauerampfer

Stielmus

Grüne Stachelbeeren

Speiserüben und Rübchen
(Mai/Juni) Mairübchen auch Navetten genannt, sind klein (etwa 5 cm Durchmesser) kugelig und weißfleischig. Herbstrüben (Juli/August), auch Weiße Rübe oder Turnip, sind größer, rund, ebenfalls weißfleischig, aber mit grünem oder rotem Kopf. Teltower Rübchen (Frühjahrsaussaat von Mai bis August, Augustaussaat von Oktober bis Dezember) sind die feinsten Rübchen. Sie sind oben platt-rund und laufen leicht spitz aus. Das weiße Fleisch schmeckt angenehm und leicht süßlich.

Spinat
(Winterspinat Mitte März bis Mai, Sommerspinat von September bis November). Man unterscheidet nach dem Aussaattermin. Winterspinat ist gröber als Sommerspinat. Je nach Ernteverfahren wird zwischen Blattspinat (handgeerntete Blätter) und Wurzelspinat (mit Spezialmaschinen geerntete Blattrosetten mit Wurzeln) unterschieden. Spinat möglichst frisch verwenden. In ein feuchtes Tuch gewickelt hält er sich im Kühlschrank 1-2 Tage. Spinat speichert Nitrat aus dem Boden, besonders in Stängel und dicken Blattrippen, die darum beim Putzen entfernt werden sollten. Gekochten Spinat nicht lange warm halten, weil sich dann das Nitrat in gesundheitsschädliches Nitrit verwandelt. Enthält Kalium, Kalzium, Magnesium, Eisen, Vitamin A, K, C und B-Vitamine, außerdem überdurchschnittlich viel Oxalsäure.

Spitzkohl
(ab April bis in den Sommer) ist die früheste aller Kohlsorten. Im Stuttgarter Raum ist er als „Filderkraut" bekannt. Spitzkohl ist zart, hat eine kurze Garzeit und eignet sich besonders gut als Rohkost, als Gemüse und für die Sauerkrautherstellung. Er enthält neben Magnesium auch Kalzium, Kalium, Eisen, Vitamin K und Folsäure. Eine Besonderheit ist der Gehalt an Ascorbigen, einer Vorstufe des Vitamin C, aus dem beim Garen Vitamin C entsteht.

Stachelbeeren
(Juni bis Mitte August). Es gibt rote, gelbe und grüne Sorten. Stachelbeeren werden als einzige Früchte auch unreif geerntet und verarbeitet. Die grünen Beeren sind kleiner und saurer, aber auch geschmacksintensiver und lassen sich wie reife Früchte verwenden, z. B. für Kuchen, Süßspeisen, Kompott, Chutney oder Saucen. Sie sollten aber nicht roh verzehrt werden. Reife Früchte haben nach den Tafeltrauben den höchsten Zuckergehalt aller einheimischen Beeren. Stachelbeeren enthalten viel Vitamin C und reichlich Pektin. Deshalb gelieren sie leicht. Sie können bis zu 1 Woche im Kühlschrank lagern.

Stielmus
Rübstiel, Stängelmus, Streifmus (April bis Juni) ist kein Wurzel-, sondern ein Blatt- oder Blattkohlgemüse. Es sind die jungen Blätter der Herbstrübe. Man sät sie so dicht, dass sie gezwungen sind, lange Blattstiele auszubilden. Es ist vor allem im Rheinland bekannt. Die Blätter werden roh in Streifen geschnitten als Salat verwendet, wie Spinat zubereitet oder auch in kräftigen Eintöpfen mitgegart.

Thymian
hat ein würzig frisches Aroma, das je nach Sorte intensiver, zarter oder zitronig ist. Gut geeignet zum Mitgaren in Schmorgerichten. Thymian enthält Thymol, ein ätherisches Öl, das bei Husten und Heiserkeit hilft.

Tomaten
(Mitte Juli bis Ende Oktober). Es gibt sehr viele verschieden Sorten, auch alte wurden wieder entdeckt (→ Seite 87). Kirschtomaten sind besonders süß und zum Rohessen oder kurz gedünstet gut. Flaschen- oder Eiertomaten eignen sich für Saucen und zum Trocknen. Fleischtomaten sind prima für Salate und Gemüsegerichte. Achtung – Strauchtomaten, die an grünen Stängeln angeboten werden, sind nicht unbedingt aromatischer. Der verführerische Duft geht oft nur von Blättern und Stängeln aus. Grün geerntete Tomaten reifen dunkel gelagert nach, können aber auch grün zu Chutney verarbeitet oder pikant eingelegt werden. Tomaten liefern Provitamin A, Vitamin C, Kalium und Magnesium. Beim Zubereiten immer den Stielansatz entfernen, er enthält gesundheitsschädliche Stoffe. Tomaten halten sich trocken und luftig gelagert bei Zimmertemperatur einige Tage. Bei kalter Lagerung verlieren sie ihr Aroma.

Topinambur
(Oktober bis Mai) wird auch Jerusalem-Artischocke genannt und gehört zur Gattung der Sonnenblumen. Die Pflanze kann bis zu 3 m hoch werden. Verwendet werden die Knollen. Sie sind klein bis mittelgroß, bucklig wie Ingwerknollen und haben eine gelbe, braune, violette oder rote Schale und hel-

184

les Fruchtfleisch. Sie schmecken von artischockenähnlich bis frisch-nussig. Vor der Zubereitung werden sie geschält. Die Knollen enthalten Kalium, Eisen, Magnesium, Phosphor, Kalzium, Vitamine C, A, B1, B2, Niacin. Der Ballaststoffgehalt ist besonders hoch. Außerdem enthalten sie 16 % von dem stärkeähnlichen Kohlenhydrat Inulin. Inulin wird unter Einwirkung von Säuren und Fermenten in Fruchtzucker gespalten, der für Diabetiker besonders gut verträglich ist.

Waldmeister
(Mai bis Ende Juni) wächst in Laubwäldern oder im Garten. Nicht mehr nach der Blüte verwenden. Die Blätter sind besonders aromatisch, wenn sie etwas welk sind, denn erst beim Trocknen spaltet sich das duftende Kumarin ab. Waldmeister enthält Bitter- und Gerbstoffe, die den Stoffwechsel anregen. Vorsicht: Kumarin kann in größeren Mengen Kopfschmerzen auslösen.

Weißkohl und Rotkohl
(ganzjährig) Weißkohlköpfe müssen glatt, ohne Flecken und Fraßstellen sein. Frühe Sorten sind kräftiger grün und haben locker geschlossene Köpfe, spätere Sorten haben feste, weißgelbliche Köpfe. Im Weißkohl stecken reichlich Vitamin C, E und K, Folsäure, dazu Mineral- und Ballaststoffe. 100 g roher Weißkohl enthält soviel Vitamin C wie ein Glas Orangensaft. Der Vitamin-C-Gehalt nimmt beim Kochen noch zu, weil Weißkohl, wie auch andere Kohlsorten, Ascorbigen enthält, das beim Kochen gespalten wird und Vitamin C freisetzt. Rotkohl ist dem verwandten Weißkohl von Angebotszeiten und Verwendung sehr ähnlich. An Inhaltsstoffen ist er leicht überlegen. Er enthält zusätzlich den sekundären Pflanzenstoff Glucosinolat, der krankheitsvorbeugende Wirkung hat. Kohlköpfe halten sich – auch halbiert – gut verpackt im Kühlschrank 1 Woche.

Wirsing
(Mai bis Dezember) Frühwirsing, der ab Mai angeboten wird, ist zart, hellgrün und bildet lockere Köpfe. Herbst- und Winterware hat größere, fest geschlossene Köpfe, die sich im Gemüsefach des Kühlschranks bis zu 1 Woche halten. Der Kohl enthält Ascorbigen, das beim Kochen Vitamin C freisetzt, außerdem Vitamin B6, E, K, Folsäure und Kalium, Kalzium und Eisen.

Zucchini
(Juli bis Oktober) Die Früchte sind meist dunkelgrün, es werden auch gelbe angeboten. Wenn die Schale weiße Sprenkel hat, ist das ein Zeichen für Freilandwuchs. Zucchini schmecken roh leicht nussig. Am aromatischsten sind kleine Früchte von 15–20 cm Länge. Zucchini enthalten Kalium, Magnesium und Eisen, Vitamin B1, K, Folsäure und Vitamin C.

Zwiebeln
(ganzjährig) Ihr Gehalt an schwefligen Ölen bedingt den charakteristischen Geschmack und Geruch und führt beim Schneiden zu Schleimhautreizungen und Tränen. Kleine dunkle Zwiebeln sind meist schärfer als große helle. Zwiebeln immer nur mit einem scharfen Messer schneiden, nicht hacken oder in einer Maschine zerquetschen. Sonst werden sie bitter. Das passiert auch, wenn sie nach dem Schneiden lange Luftkontakt haben – die Inhaltsstoffe oxidieren. Darum geschnittene Zwiebeln gleich mit Sauce oder etwas Öl mischen. Haushaltszwiebeln schmecken würzig und scharf und werden am häufigsten verwendet. Weiße Zwiebeln sind eine mildere, zartere Variante. Gemüsezwiebeln sind groß und mild, ideal für Salate und zum Füllen. Frühlingszwiebeln und Lauchzwiebeln haben kleine Zwiebeln und werden mit dem grünen Lauch verwendet. Ihre Haupterntezeit ist Juni bis August. Schalotten bestehen wie Knoblauch aus mehreren Einzelzwiebeln, die von mehreren Schichten Schale umhüllt sind. Sie schmecken fein und aromatisch. Zwiebeln sollten kühl, trocken und luftig gelagert werden.

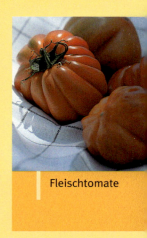

Fleischtomate

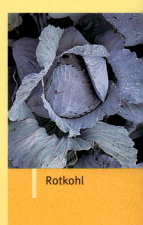

Rotkohl

Register
Damit Sie Rezepte mit bestimmten Zutaten wie Erdbeeren oder Spargel noch schneller finden können, stehen diese Zutaten im Register zusätzlich auch über den entsprechenden Rezepten – ebenfalls alphabetisch geordnet und halbfett gedruckt.

A

Apfel
Apfelkraut 173
Apfelkren 155
Apfelkuchen mit Marzipan 115
Apfel-Meerrettich-Suppe 115
Apfelringe (Tipp) 115
Geschnetzeltes in Apfelsauce 156
Holunder-Apfel-Gelee 121
Sellerie-Möhren-Salat 96
Aprikosen
Aprikosenkompott 78
Rhabarber-Aprikosen-Chutney 174
Senffrüchte 174

B

Bärlauch
Bärlauchsuppe 19
Glossar 177
Grünes Gemüse mit Garnelen 23
Kräuterblini mit Schmand 17
Kräuter-Käse-Kuchen 35
Basilikum: Glossar 177
Beifuß: Glossar 177
Bio-Fleisch: Reportage 166
Bio-Geflügel: Reportage 148
Birnen
Birnenkraut 173
Endiviensalat mit Birnen 93
Blini: Kräuterblini mit Schmand 17
Blumenkohl: Glossar 177
Bohnenkraut: Glossar 177
Bohnen mit Basilikumtomaten 54
Borschtsch 137
Brathähnchen 109
Bratkartoffeln 107
Braune Grundsauce 176
Brokkoli
Brokkoli mit Mandelbutter 67
Frühlingsgemüse in Safransauce mit Zander 21
Glossar 177
Brombeeren
Brombeerkuchen 81
Glossar 177
Brot
Hefeteig für Brot Grundrezept 163
Kräuterbrot mit Käse (Variante) 163
Mischbrot 161
Roggenbrot (Tipp) 160
Brötchen: Möhren-Brötchen mit Sesam 163

Brühe 176
Brunnenkresse: Glossar 177
Buchteln 165
Buletten 157

C

Champignons mit Ziegenkäse gebacken 37
Chicorée
Chicorée in Thymian-Butter 133
Glossar 177
Wintersalat 131
Chutney von grünen Tomaten 174
Clafoutis 76
Crème brûlée (Variante) 41

D

Dicke Bohnen
Dicke Bohnen mit Rucola 54
Glossar 178
Grünkohleintopf 137
Dill: Glossar 178
Dinkel-Guglhupf 165

E

Eier
Glossar 178
Grüne Sauce mit Ei und Kartoffeln 15
Kaiserschmarren 32
Omelettröllchen 33
Pfannkuchen (Variante) 32
Rührei (Tipp) 32
Soleier 175
Spinat-Eier 33
Eingelegte Zwiebeln 101
Einmachtipps 173
Endiviensalat
Endiviensalat mit Birne 93
Kartoffel-Endivien-Püree 133
Kartoffelsalat mit Endivie (Variante) 133
Entenbrust: Marinierte Entenbrust 144
Entenkeulen im Römertopf 143
Erbsen
Erbsensalat mit Minze 55
Erbsensuppe mit Radieschen 19
Glossar 178
Kaninchen mit Hirse 31
Erdbeeren
Erdbeeressig (Tipp) 23
Erdbeer-Rhabarber-Marmelade 42

Erdbeer-Sorbet 42
Glossar 178
Grüner Spargelsalat mit Erdbeeren 23
Esskastanien: Schweinefilet mit Rosenkohl 159
Estragon
Estragonvinaigrette 53
Glossar 178

F

Feldsalat
Feldsalat mit Gemüsechips 131
Wintersalat 131
Fenchel
Fenchelsalat 55
Glossar 178
Fisch
Frühlingsgemüse in Safransauce mit Zander 21
Nudelauflauf mit Fisch und Gemüse 75
Sauerkraut mit Fisch 141
Spitzkohl mit Lachssahne 71
Tomatensuppe mit Fisch 71
Fleisch: Reportage 166
Fleischbrühe 176
Frischkäse
Frischkäse aus Joghurt 38
Frischkäse mit Honig (Variante) 38
Frischkäse mit Tomaten (Variante) 38
Frischkäsebällchen in Öl (Variante) 38
Frischkäse-Dip (Variante) 38
Gurken-Frischkäse (Variante) 38
Käsekuchen 39
Kräuter-Frischkäse (Variante) 39
Kräuter-Käse-Kuchen 35
Mangold mit Käse 67
Meerrettich-Frischkäse (Variante) 39
Scharfer Dip mit Minze 39
Vanille-Frischkäse 39
Friséesalat
Friséegemüse 92
Kartoffel-Endivien-Püree 133
Frühlingszwiebeln
Frühlingsgemüse in Safransauce mit Zander 21
Grünes Gemüse mit Garnelen 23
Kalbsfilet mit Frühlingsgemüse 21
Lammstelzen mit Frühlingsgemüse 29

GLOSSAR

G

Gans: Klassischer Gänsebraten 147
Gänsebrust: Linsensalat mit
  Gänsebrust 144
Garnelen: Grünes Gemüse mit
  Garnelen 23
Gebackene Holunderblüten 33
Gebackene Honig-Möhren 54
Gebackene Schwarzwurzeln 134
Gebackene Steckrüben 97
Gebackenes Gemüse 57
Gebeizte Forelle 175
Gebratene Spitzpaprika 63

Geflügel
  Brathähnchen 109
  Entenkeulen im Römertopf 143
  Hähnchenbrust in Butter 109
  Hühnerlebercreme 111
  Hühnersuppe 111
  Klassischer Gänsebraten 147
  Linsensalat mit Gänsebrust 144
  Perlhuhn in Pergament 143
  Reportage 148
Gefüllte Paprikaschoten 69
Gefüllte Zucchiniblüten 61
Gegrillte Zucchini 61
Gelee: Johannisbeergelee 79
Gemüse milchsauer einlegen
  (Tipp) 116
Gemüse: Reportage 82
Gemüsebrühe 176
Gemüse-Dips 57
Geschnetzeltes in Apfelsauce 156
Getreide: Reportage 122
Getrocknete Tomaten 62
Gewürzgurken 175
Gewürzpreiselbeeren 172

Grüne Bohnen
  Bohnen mit Basilikumtomaten 54
  Glossar 178
Grüne Sauce mit Ei und Kartoffeln 15
Grüne Walnüsse 173
Grüner Spargelsalat mit Erdbeeren 23
Grünes Gemüse mit Garnelen 23

Grünkern
  Glossar 179
  Grünkernrisotto mit Pilzen 112

Grünkohl
  Glossar 179
  Grünkohl klassisch (Variante) 137
  Grünkohleintopf 137
Guglhupf: Dinkel-Guglhupf 165

Gurken
  Gewürzgurken 175
  Glossar 179
  Gurken-Frischkäse (Variante) 38
  Kalte Gurkensuppe 65
  Kressegurken 65
  Senfgurken 117

H

Haferflocken: Gefüllte Paprikaschoten 69

Hähnchen und Huhn
  Brathähnchen 109
  Hähnchenbrust in Butter 109
  Hühnerfricassee (Tipp) 110
  Hühnerlebercreme 111
  Hühnersuppe 111
  Wildkräutersalat mit Hähnchen-
    streifen 15
Haselnuss-Schalotten-Vinaigrette 53
Hefeteig (Tipp) 164
Hefeteig für Brot Grundrezept 163
Heidelbeeren: Glossar 179
Heidelbeer-Trifle 79

Himbeeren
  Glossar 179
  Windbeutel mit Himbeeren 76
Hirse: Kaninchen mit Hirse 31

Holunder
  Gebackene Holunderblüten 33
  Holunder-Apfel-Gelee 121
  Holunderblütensirup 173
  Holunderkuchen 121
  Holundersirup 121

Honig
  Gebackene Honig-Möhren 54
  Glossar 179
Hühnerfricassee (Tipp) 110
Hühnerlebercreme 111
Hühnersuppe 111

J

Johannisbeeren
  Glossar 179
  Johannisbeergelee 79

K

Kaiserschmarren 32
Kalbfleisch
  Kalbsfilet mit Frühlingsgemüse 21
  Kalbskotelett mit Zitrone 157
  Kalbsrahmbraten 155
Kalte Gurkensuppe 65
Kaninchen
  Kaninchen mit Hirse 31
  Kaninchenrücken mit Kräuter-
    kruste 31
Kartoffeln
  Bratkartoffeln 107
  Grüne Sauce mit Ei und
    Kartoffeln 15
  Kartoffelauflauf 105
  Kartoffel-Endivien-Püree 133
  Kartoffelgratin 105
  Kartoffelklöße 107
  Kartoffel-Lauch-Suppe 106
  Kartoffeln vom Blech 106
  Kartoffelpüree (Variante) 133
  Kartoffelsalat mit Endivie
    (Variante) 133
  Kartoffelsuppe 106
  Kürbisküchlein 99
  Lammkeule mit Gemüse 27
  Pastinakensuppe 97

Puffer mit Blutwurst 107
Reportage 102
Rettichmus 92
Sauerteigsuppe 161
Szegediner Gulasch 141
Zwetschgenknödel 119
Käse: Reportage 44
Käsekuchen 39
Kerbel: Glossar 180
Kerbelsuppe 18
Kirschen
  Clafoutis 76
  Glossar 180
  Kirschenmännchen 78
  Kirsch-Schoko-Marmelade 78
  Rote Grütze 79
Klare Pilzsuppe 113
Klare Spargelsuppe 18
Klassischer Gänsebraten 147
Knoblauch in Öl 117
Knoblauchbutter: Zuckermais mit
  Knoblauchbutter 55
Knoblauchsauce: Tomatensuppe
  mit Fisch 71
Knollensellerie
  Borschtsch 137
  Glossar 180
  Sellerie-Möhren-Salat 96
Kohlrabi
  Frühlingsgemüse in Safransauce
    mit Zander 21
  Glossar 180
  Nudelauflauf mit Fisch und
    Gemüse 75
Kompott
  Aprikosenkompott 78
  Rhabarberkompott (Variante) 42
  Rote-Bete-Kompott 97
Konfitüre und Marmelade
  Erdbeer-Rhabarber-Marmelade 42
  Kirsch-Schoko-Marmelade 78
  Konfitüre aus der Mikrowelle 172
  Konfitüre kaltgerührt 172
  Konfitüre klassisch 172
Kraftbrühe 176
Kräuterblini mit Schmand 17
Kräuterbrot mit Käse (Variante) 163
Kräuterbrote (Tipp) 15
Kräuterdip: Gemüse-Dips 57
Kräuter-Frischkäse (Variante) 39
Kräuter-Käse-Kuchen 35
Kräuterkruste: Kaninchenrücken
  mit Kräuterkruste 31
Kräuterpaste 59
Kräutersaitlinge: Salat mit Kräuter
  saitlingen 112
Kresse
  Glossar 180
  Kressegurken 65
Kürbis
  Glossar 180
  Kürbisküchlein 99
  Kürbissuppe 99

187

Süße Kürbis-Nudeltäschchen 99
Kurkumacreme: Mangoldstiele mit
    Kurkumacreme 67

L

Lachs
    Sauerkraut mit Fisch 141
    Spitzkohl mit Lachssahne 71
Lammfleisch
    Lamm in Zitronensauce 29
    Lammfilets mit Tomatenkruste
        (Variante) 27
    Lammkeule mit Gemüse 27
    Lammlende in Salbeibutter 27
    Lammstelzen mit Frühlings-
        gemüse 29
Lauch
    Glossar 180
    Lauch mit Sahnemorcheln 101
    Lauch: Kartoffel-Lauch-Suppe 106
    Lauch-Morchel-Gemüse 101
    Marinierte Entenbrust 144
    Nudelauflauf mit Fisch und
        Gemüse 75
Leber-Apfel-Füllung 147
Liebstöckel: Glossar 180
Likör 172
Linsen
    Linsensalat mit Gänsebrust 144
    Rhabarbersuppe 19
Löwenzahn
    Glossar 181
    Löwenzahngemüse 92

M

Majoran: Glossar 181
Mangold
    Glossar 181
    Mangold mit Käse 67
    Mangoldstiele mit Kurkumacreme 67
    Vollkornspaghetti mit Mangold 75
Marinierte Entenbrust 144
Marinierte Pilze 113
Maronen: Schweinefilet mit
    Rosenkohl 159
Maultaschen mit Zwiebeln 73
Mayonnaise 59
Meerrettich
    Apfelkren 155
    Apfel-Meerrettich-Suppe 115
    Glossar 181
    Meerrettich-Frischkäse (Variante) 39
    Meerrettich-Sahnesauce 53
    Rote-Bete-Meerrettich-Relish 174
Milch: Reportage 44
Minze: Glossar 181
Mischbrot 161
Möhren
    Borschtsch 137
    Feldsalat mit Gemüsechips 131
    Fenchelsalat 55
    Frühlingsgemüse in Safransauce
        mit Zander 21

Gebackene Honig-Möhren 54
Gebackenes Gemüse 57
Glossar 181
Kalbsfilet mit Frühlingsgemüse 21
Kaninchen mit Hirse 31
Lammkeule mit Gemüse 27
Lammstelzen mit Frühlings-
    gemüse 29
Möhren-Brötchen mit Sesam 163
Möhrensalat 93
Nudelauflauf mit Fisch und
    Gemüse 75
Sellerie-Möhren-Salat 96
Morcheln: Lauch mit Sahne-
    morcheln 101
Mousse au Chocolat (Variante) 41

N

Nudeln
    Maultaschen mit Zwiebeln 73
    Nudelauflauf mit Fisch und
        Gemüse 75
    Nudelteig Grundrezept 72
    Spätzle 72
    Süße Kürbis-Nudeltäschchen 99

O

Obst: Reportage 82
Öl: Reportage 58
Omelettröllchen 33
Orangenvinaigrette 53

P

Paprikaschoten
    Gebackenes Gemüse 57
    Gebratene Spitzpaprika 63
    Gefüllte Paprikaschoten 69
    Glossar 181
    Paprikasuppe 63
    Paprika-Zucchini 63
    Süßsaure Paprika 117
Pastinaken
    Glossar 181
    Pastinakensuppe 97
Perlhuhn in Pergament 143
Petersilie
    Glossar 181
    Petersiliensuppe 96
Petersilienwurzeln: Petersiliensuppe 96
Pfannkuchen (Variante) 32
Pflaumen: Glossar 182
Pilze
    Champignons mit Ziegenkäse
        gebacken 37
    Grünkernrisotto mit Pilzen 112
    Klare Pilzsuppe 113
    Marinierte Pilze 113
    Pilze mit Ei 113
    Salat mit Kräutersaitlingen 112
    Vollkornspaghetti mit Mangold 75
    Waldpilze in Sahne 112
Pimpinelle: Glossar 182

Portulak
    Glossar 182
    Wintersalat 131
Preiselbeeren: Glossar 182
Puffbohnen 178
Puffer mit Blutwurst 107

Q

Quiche: Schinkenquiche 35
Quitten
    Glossar 182
    Quittenmus mit Chili 174

R

Radicchio: Sellerie-Möhren-Salat 96
Radieschen
    Erbsensuppe mit Radieschen 19
    Glossar 182
Rettich
    Glossar 182
    Rettichmus 92
    Scharfer Rettichsalat 93
Rhabarber
    Erdbeer-Rhabarber-Marmelade 42
    Glossar 182
    Rhabarber-Aprikosen-Chutney 174
    Rhabarberkompott (Variante) 42
    Rhabarbersuppe 19
Rindfleisch
    Buletten 157
    Rinderfiletsteak 157
    Rindfleisch in Rotwein 159
    Roastbeef rosa gebraten 156
    Tafelspitz 155
    Tafelspitzsalat 154
Roastbeef rosa gebraten 156
Roggenbrot (Tipp) 160
Rosa Sahnesauce 53
Rosenkohl
    Glossar 183
    Rosenkohl mit Rosinen 135
    Schweinefilet mit Rosenkohl 159
Rosmarin: Glossar 183
Rote Bete
    Borschtsch 137
    Glossar 183
    Rote-Bete-Gratin 95
    Rote-Bete-Kompott 97
    Rote-Bete-Meerrettich-Relish 174
Rote Grütze 79
Rotkohl
    Glossar 185
    Rotkohlsalat 134
Rübchen
    Entenkeulen im Römertopf 143
    Glossar 184
    Kalbsfilet mit Frühlingsgemüse 21
    Rübchen mit Vanille 96
Rucola
    Dicke Bohnen mit Rucola 54
    Glossar 183
    Rucola-Ziegenkäse-Nocken 17
Rührei (Tipp) 32

GLOSSAR

S

Saft 172
Salat mit Kräutersaitlingen 112
Salatsaucen 53
Salbei: Glossar 183
Salbeibutter: Lammlende in Salbei-
  butter 27
Saucen 176
Saubohnen (Glossar) 178
Sauerampfer
  Glossar 183
  Sauerampfersuppe 18
Sauerkraut
  Glossar 183
  Grundrezept 138
  Sauerkraut mit Fisch 141
  Sauerkraut selbst gemacht (Tipp) 138
  Sauerkrautstrudel 139
  Schlachtplatte (Variante) 139
  Szegediner Gulasch 141
Sauerteig
  Grundrezept 161
  Mischbrot 161
  Sauerteigsuppe 161
Schafkäse: Dicke Bohnen mit
  Rucola 54
Schalotten
  Eingelegte Zwiebeln 101
  Rindfleisch in Rotwein 159
Scharfer Dip mit Minze 39
Scharfer Rettichsalat 93
Schinkenquiche 35
Schlachtplatte (Variante) 139
Schnittlauch
  Glossar 183
  Schnittlauchöl 59
  Schnittlauchsahne 53
Schokoladenflammeri 41
Schokoladensauce (Variante) 41
Schwarzwurzeln
  Gebackene Schwarzwurzeln 134
  Glossar 183
Schweinefleisch
  Borschtsch 137
  Buletten 157
  Geschnetzeltes in Apfelsauce 156
  Kartoffelauflauf 105
  Schweinebraten mit Kruste 153
  Schweinefilet mit Rosenkohl 159
  Schweinelende mit Kräuter-
    füllung 153
  Szegediner Gulasch 141
Schweineschmalz 175
Sellerieflan mit Tomatensauce 95
Sellerie-Möhren-Salat 96
Senf 175
Senffrüchte 174
Senfgurken 117
Sirup 172
Soleier 175
Sorbet: Erdbeer-Sorbet 42
Spargel
  80°-Methode 25

Glossar 183
Grüner Spargelsalat mit Erdbeeren 23
Grünes Gemüse mit Garnelen 23
Klare Spargelsuppe 18
Reportage 24
Spargel aus der Folie 25
Spargel klassisch 25
Spätzle 72
Speiserüben: Glossar 184
Spinat
  Glossar 184
  Grünes Gemüse mit Garnelen 23
  Spinat mit Joghurt 69
  Spinat-Eier 33
Spitzkohl
  Glossar 184
  Spitzkohl mit Lachssahne 71
Stachelbeeren
  Glossar 184
  Stachelbeer-Crumble 81
  Stachelbeeren mit Baiserhäubchen
    (Tipp) 80
  Senffrüchte 174
Staudensellerie
  Kalbsfilet mit Frühlingsgemüse 21
  Kartoffelauflauf 105
Steckrüben: Gebackene Steckrüben 97
Stielmus: Glossar 184
Sülze 175
Süße Kürbis-Nudeltäschchen 99
Süßsaure Paprika 117
Szegediner Gulasch 141

T

Tafelspitz 155
Tafelspitzsalat 154
Thousand-Island-Dressing 53
Thymian: Glossar 184
Tomaten
  Bohnen mit Basilikumtomaten 54
  Chutney von grünen Tomaten 174
  Frischkäse mit Tomaten (Variante) 38
  Gebackenes Gemüse 57
  Gefüllte Paprikaschoten 69
  Getrocknete Tomaten 62
  Glossar 184
  Kaninchen mit Hirse 31
  Lammkeule mit Gemüse 27
  Mangold mit Käse 67
  Sellerieflan mit Tomatensauce 95
  Tomatengratin 62
  Tomatensauce (Tipp) 68
  Tomatensuppe mit Fisch 71
  Topinambur mit Tomaten 135
  Würztomaten 62
  Ziegenfrischkäse mit Kirsch-
    tomaten 37
Topinambur
  Topinambur mit Tomaten 135
  Feldsalat mit Gemüsechips 131
  Glossar 184

V/W

Vanillecreme 41
Vanille-Frischkäse 39
Vanillesauce (Variante) 41
Vollkornspaghetti mit Mangold 75
Waldmeister
  Glossar 185
  Waldmeistersirup 173
Waldpilze in Sahne 112
Weißkohl
  Glossar 185
  Weißkohl mit Curry 134
Wildkräutersalat mit Hähnchen-
  streifen 15
Windbeutel mit Himbeeren 76
Wintersalat 131
Wirsing
  Wirsing in Senfrahm 135
  Glossar 185
Würzöl 59
Würztomaten 62

Z

Zander: Frühlingsgemüse in Safran-
  sauce mit Zander 21
Zickleinbraten (Tipp) 28
Ziegenkäse
  Champignons mit Ziegenkäse
    gebacken 75
  Gefüllte Zucchiniblüten 61
  Reportage 36
  Rucola-Ziegenkäse-Nocken 17
  Ziegenfrischkäse mit Kirsch-
    tomaten 37
  Ziegenkäse-Crostini 37
  Ziegenkäsetaler in Filoteig 37
Zitronendip: Gemüse-Dips 57
Zitronenjoghurt-Sauce 53
Zitronenmayonnaise: Kressegurken 65
Zitronensauce: Lamm in Zitronen-
  sauce 29
Zucchini
  Gebackenes Gemüse 57
  Gefüllte Zucchiniblüten 61
  Gegrillte Zucchini 61
  Glossar 185
  Paprika-Zucchini 63
  Zucchinimuffins 61
Zuckermais mit Knoblauchbutter 55
Zuckerschoten: Grünes Gemüse mit
  Garnelen 23
Zwetschgen
  Glossar 182
  Zwetschgendatschi 119
  Zwetschgenknödel 119
  Zwetschgenmus aus dem
    Backofen 172
Zwiebeln
  Eingelegte Zwiebeln 101
  Glossar 185
  Lammkeule mit Gemüse 27
  Zwiebelgemüse (Variante) 119
  Zwiebelmus (Variante) 119

Wichtige Adressen und Links zum ökologischen Landbau

Informationsportal zum ökologischen Landbau
http://www.oekolandbau.de

Bund ökologische Lebensmittelwirtschaft
http://www.boelw.de

Mitglieder des Bundes ökologische Lebensmittelwirtschaft

Assoziation ökologischer Lebensmittelhersteller e.V.
Zum Pilsterhof 7
97769 Oberleichtersbach
Tel. 09741-4834, Fax 09741-932201

Biokreis e.V.
Regensburger Straße 34
94036 Passau
Tel. 0851-756500, Fax 0851-7565025
http://www.biokreis.de/

Bioland e.V.
Postfach 1940
55009 Mainz
Tel. 06131-2397913, Fax 06131-2397927
http://www.bioland.de

Biopark e.V.
Karl-Liebknecht-Str. 26
19395 Karow
Tel. 038738-70309, Fax 038738-70024
http://www.biopark.de

Bundesfachverband Deutscher Reformhäuser e.V.
Gotische Str. 15
61440 Oberursel
Tel. 06172-3009861, Fax 06172-3009862
http://www.refo.de

Bundesverband Naturkost Naturwaren Herstellung und Handel e.V. (BNN)
Ebertplatz 1
50668 Köln
Tel. 0221-13975644, Fax 0221-13975640
http://www.n-bnn.de

Demeter
Brandschneise 1
64295 Darmstadt
Tel. 06155-84690, Fax 06155-846911
http://www.demeter.de

Ecoland
Haller Straße 20
74549 Wolpertshausen
Tel. 07904-97970, Fax 07904-979729
http://www.ecoland-verband.de

Ecovin e.V.
Wormser Straße 162
55276 Oppenheim
Tel. 06133-1640, Fax 06133-1609
http://www.ecovin.de

GÄA e.V.
Am Beutlerpark 2
01217 Dresden
Tel. 0351-40123893, Fax 0351-4015519
http://www.gaea.de

Naturland e.V.
Kleinhaderner Weg 1
82166 Gräfelfing
Tel. 089-8980820, Fax 089-89808290
http://www.naturland.de

Ökosiegel e.V.
Nordweg 42
29352 Adelheidsdorf-Großmoor
Tel. 05085-6205, Fax 05085-1447

Einzelmitglieder

Alnatura
Darmstädter Str. 3
D-64404 Bickenbach
Tel. 06257-93220, Fax 06257- 9322144
http://www.alnatura.de

Frosta AG
Am Lunedeich 116
27572 Bremerhaven
Tel. 0471-9736300, Fax 0471-9736125
http://www.frosta.de

Fördermitglieder

Forschungsinstitut für Biologischen Landbau Berlin e.V.
Geschäftsstelle Frankfurt
Galvanistr. 28
60486 Frankfurt/Main
Tel. 069-71376997-0, Fax 069-71376997-9
http://www.fibl.de

Gregor Louisoder Umweltstiftung
Brienner Str. 46
80333 München
Tel. 089-54212142, Fax 089-52389335
http://www.umweltstiftung.com

Schweisfurth Stiftung
Südliches Schloßrondell 1
80638 München
Tel. 089-1795950, Fax 089-171816
http://www.schweisfurth.de

Stiftung Ökologie und Landbau (SÖL)
Weinstraße Süd 51
67098 Bad Dürkheim
Tel. 06322-989700, Fax 06322-989701
http://www.soel.de

Genießerküche

... für alle, die das Echte schätzen

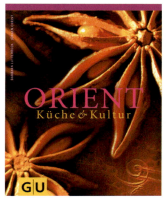
ISBN 978-3-7742-2790-3
240 Seiten

ISBN 978-3-7742-3202-0
240 Seiten

ISBN 978-3-7742-6311-6
240 Seiten

ISBN 978-3-8338-0239-3
240 Seiten

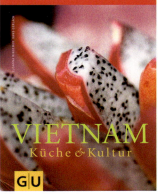
ISBN 978-3-7742-6626-1
240 Seiten

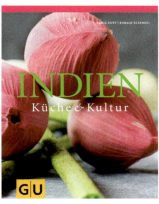
ISBN 978-3-7742-6725-1
240 Seiten

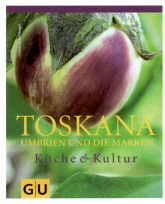
ISBN 978-3-7742-6899-9
240 Seiten

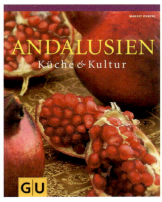
ISBN 978-3-8338-0061-0
240 Seiten

Änderungen und Irrtum vorbehalten.

Verführerische Rezepte und spannende Reportagen laden ein zu kulinarischen Entdeckungsreisen in Küche und Kultur und versprechen puren Genuss.

Willkommen im Leben.

Jürgen Christ ist Vollblutreporter. Er arbeitet als Bildjournalist für Magazine, Fachzeitschriften und Buchverlage. Für die Landküche hat er auf Biohöfen, Gemüsefeldern, in Käsereien und Ölmühlen recherchiert und daraus spannende Reportagen in Bild und Text gemacht.

Birgit Rademacker ist langjährige engagierte Leiterin der Redaktion Kochen des Gräfe und Unzer Verlages und leidenschaftliche Köchin. Mit ausgeprägtem Sinn für unverfälschte Produkte und unkompliziertes, genussvolles Kochen hat sie für die Landküche Konzept und Rezepte entwickelt.

Julia Skowronek, Profiköchin mit eigenem Cateringunternehmen, arbeitet seit 1999 auch als freie Foodstylistin und Rezeptautorin. Bei der Entwicklung der Rezepte für die Landküche hat sie ihre vielfältigen Erfahrungen mit ihrer Vorliebe für natürliche Küche hervorragend verbinden können.

Barbara Lutterbeck, anerkannte Foodfotografin, fotografiert für internationale Buch- und Zeitschriftenverlage und Werbung. Ihr erfolgreiches Buch »Orient – Küche und Kultur« ist bei GU erschienen. Für die Landküche hat sie zusammen mit Frauke Koops in ländlicher Atmosphäre stimmungsvolle Foodfotos gestaltet.

Frauke Koops hat ihre Leidenschaft für Farben, Formen und Kulinarisches zur Berufung gemacht. Als Foodstylistin hat sie eine unverkennbare Handschrift entwickelt. Ihr Stil ist international etabliert. In der Landküche wurde aus ihrer Vorliebe für die einfachen Genüsse und der ländlichen Atmosphäre ihres Hauses eine Einheit.

© 2003 GRÄFE UND UNZER VERLAG GmbH, München. Alle Rechte vorbehalten. Nachdruck, auch auszugsweise, sowie Verbreitung durch Film, Funk, Fernsehen und Internet, durch fotomechanische Wiedergabe, Tonträger und Datenverarbeitungssysteme jeder Art nur mit schriftlicher Genehmigung des Verlages.

Projektleitung: Birgit Rademacker
Lektorat: Susanne Bodensteiner
Korrektorat: Mischa Gallé
Reportagefotografie: Jürgen Christ
Foodfotografie: Barbara Lutterbeck
Produktion und Styling: Frauke Koops
Assistenz: Ute Ritter
Herstellung: Petra Roth
Gestaltung: Independent Mediendesign, Horst Moser München
Satz: Bernd Walser Buchproduktion, München
Reproduktion: Longo AG, Bozen
Druck: Appl, Wemding
Bindung: m.Appl GmbH, Wemding

Syndication:
www.jalag-syndication.de

ISBN 978-3-7742-6069-6

6. Auflage 2011

[handschriftliche Notiz:] WIEDEMANN ESSIG RH-PFALZ DOCTORENHOF

Ein besonderer Dank geht an die CMA, Bonn, für die Unterstützung bei der Realisierung dieses Buches.

Unsere Garantie
Alle Informationen in diesem Ratgeber sind sorgfältig und gewissenhaft geprüft. Sollte dennoch einmal ein Fehler enthalten sein, schicken Sie uns das Buch mit dem entsprechenden Hinweis an unseren Leserservice zurück. Wir tauschen Ihnen den GU-Ratgeber gegen einen anderen zum gleichen oder ähnlichen Thema um.

Liebe Leserin und lieber Leser,
wir freuen uns, dass Sie sich für ein GU-Buch entschieden haben. Mit Ihrem Kauf setzen Sie auf die Qualität, Kompetenz und Aktualität unserer Ratgeber. Dafür sagen wir Danke! Wir wollen als führender Ratgeberverlag noch besser werden. Daher ist uns Ihre Meinung wichtig. Bitte senden Sie uns Ihre Anregungen, Ihre Kritik oder Ihr Lob zu unseren Büchern. Haben Sie Fragen oder benötigen Sie weiteren Rat zum Thema? Wir freuen uns auf Ihre Nachricht!

Wir sind für Sie da!
Montag – Donnerstag:
8.00 – 18.00 Uhr;
Freitag: 8.00 – 16.00 Uhr
Tel.: 0180-5 00 50 54*
Fax: 0180-5 01 20 54*
E-Mail: leserservice@graefe-und-unzer.de
*(0,14 €/Min. aus dem dt. Festnetz/ Mobilfunkpreise maximal 0,42 €/Min.)

P.S.: Wollen Sie noch mehr Aktuelles von GU wissen, dann abonnieren Sie doch unseren kostenlosen GU-Online-Newsletter und/oder unsere kostenlosen Kundenmagazine.

GRÄFE UND UNZER VERLAG
Leserservice
Postfach 86 03 13
81630 München